身体のメカニズムやクラブの構造を無理なく、最大限に活用する理想的なスイング……それが欧米トッププロスイング！ それを板橋 繁プロが理論的に進化させたのが「G1スイング」なのです。

これがG1スイングだ！

←イントロ動画

G1スイングのメリット

●スイングがシンプルになる
スイングの軌道がブレないので、怪我やトラブルが軽減。ゴルフを純粋に楽しめます。

●飛距離が伸びる
身体の回転力を効率よく使うことができるので、飛距離が格段にアップします。

●まっすぐ飛ぶ
ミート率が上がり、ボールに無駄な回転を与えないので、弾道が安定します。

●スコアがアップする
まっすぐ飛んで飛距離が伸びれば、コースマネジメントが優位になります。

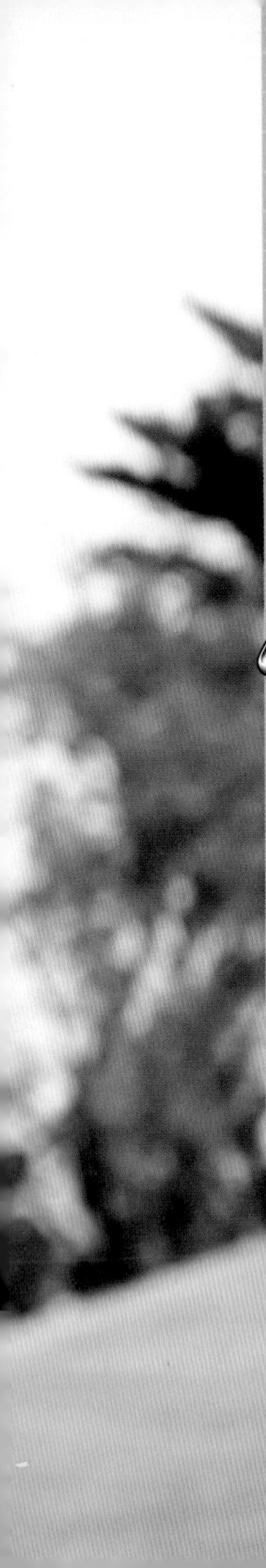

招き猫フィニッシュ〜

フィニッシュ時、グリップが左耳の横にきて、左腕の前腕部は地面と垂直で、左手の手のひらと右手の甲が前方に向きます。招き猫の左手のイメージです。

手首を返す日本式スイングから欧米式スイングにビッグチェンジ。

低く、ま〜るく振って、身体とクラブが最後まで回転すれば、クラブは自然とこのポジションに収まります。詳しくは138〜143ページを参照。

ゴルフ ＋50ヤード飛ぶ！

超図解 欧米トッププロスイング

池田書店

G1スイングのフィニッシュで大切なのは、お腹を出さず、腰を反らさず、バランスよくまっすぐ立つこと。欧米トッププロはこのフィニッシュのポーズを、ボールが落下するまでキープしています。

これがG1スイングだ!

フィニッシュは“招き猫”!

G1スイングのグリップは、「ショートサムで柔らかく握る」が基本です。第4章の82～89ページで、握り方を解説しています。

クラブをギュ～ッと強く握ってしまうと、クラブの重心を感じることができず、またクラブに仕事をさせることもできません。力加減の目安は、ドアノブを回すときのイメージです。

右手の親指と人差し指は緩く。
手とグリップは肩の真下。

これがG1スイングだ!

“ゆるゆるグリップ”が大事。

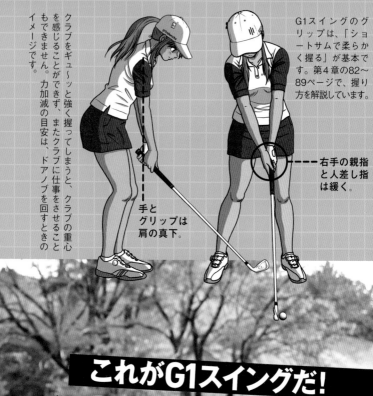

身体とクラブを唯一繋ぐところ、それがグリップです。G1スイング（＝欧米トッププロスイング）と日本式スイングの違いは、「握る強さ」にあります。詳しくは68〜69ページを参照！

右腕の橈骨《とうこつ》を軸に回外させるとフェースが開いて上がる。

アドレスしてボールの前にグリップを構えたら、右腕を橈骨を軸に、外側へ回します。クラブのフェースが自然と開き、そのまま右腕を曲げて右肩へ上げればOK。
58～59ページ参照。

テイクバックの目的は「体幹を捻る」こと。決して「肩を回そう」とするのではなく、胴体の脇の下から太もも付け根までを捻るのがG1スイングのテイクバックです。

これがG1スイングだ!

テイクバックは右腕の橈《とう》骨《こつ》がカギ。

あくまでも裏面ダウンは、スイングの“通り道”にすぎない。

ダウンスイングではクラブが身体に巻き付きながら下りてきます。
ボールに対して最短距離に。

これがG1スイングだ！

“裏面ダウン”を習得！

G1スイングのダウンスイングは、「振り下ろす」のではなく「体捌きに応じて自然に下りるイメージ」。詳しくは第４章の106～109ページをお読みください。

裏面ダウンは下半身のフットワークが、とても重要。

左腰を鋭く回し右膝を内側に入れるボディアクションを行うと、裏面ゾーンに入って高い再現性で打ち抜くことができます。

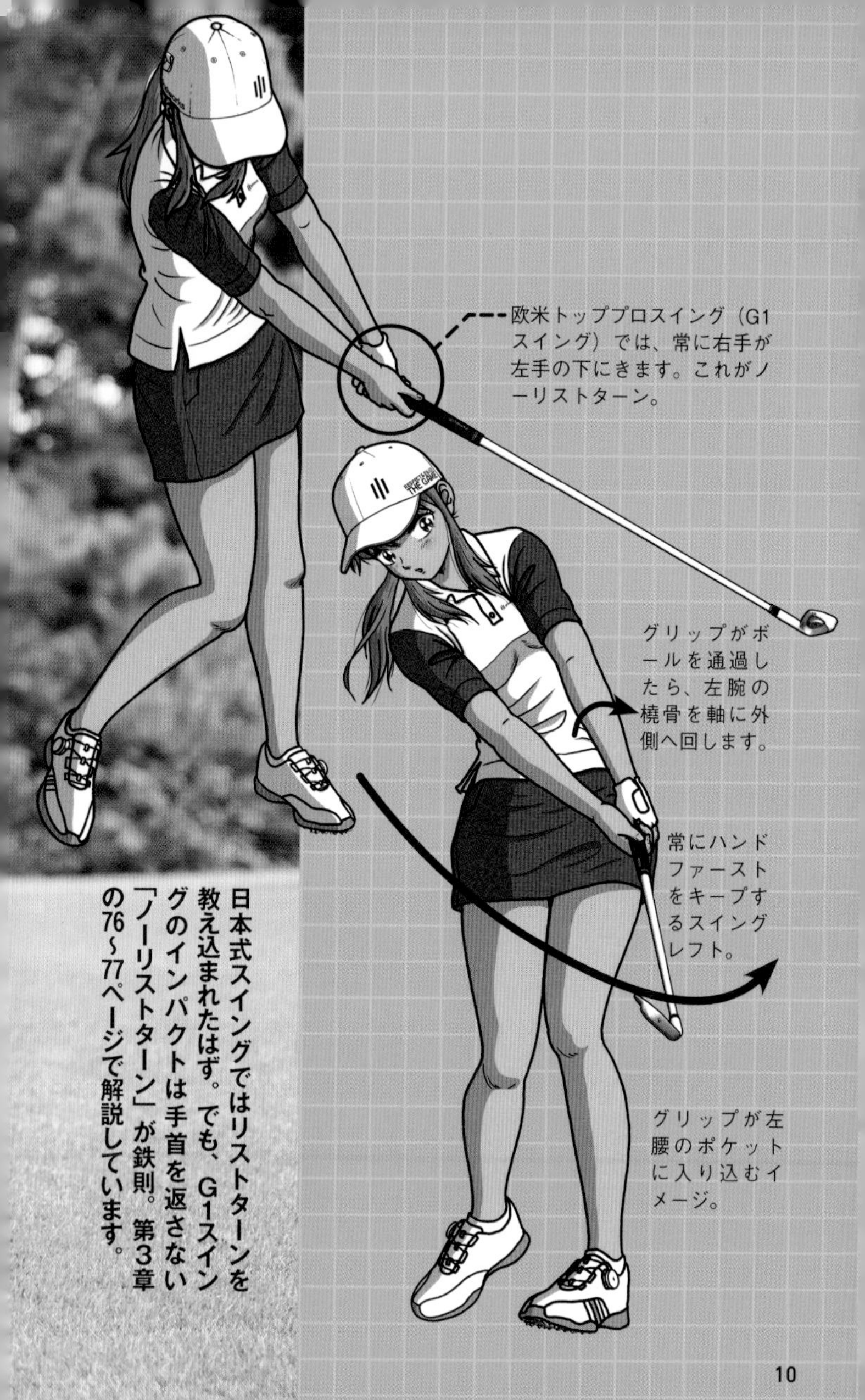
欧米トッププロスイング（G1スイング）では、常に右手が左手の下にきます。これがノーリストターン。
グリップがボールを通過したら、左腕の橈骨を軸に外側へ回します。
常にハンドファーストをキープするスイングレフト。
グリップが左腰のポケットに入り込むイメージ。

日本式スイングではリストターンを教え込まれたはず。でも、G1スイングのインパクトは手首を返さない「ノーリストターン」が鉄則。第3章の76～77ページで解説しています。

これがG1スイングだ!

リストターンは絶対にしない! “体捌き”によるスイングレフト。

マキロイのフィニッシュは左腕の前腕部は地面と垂直で、左手の手のひらと右手の甲が前方に向きます。まさに招き猫の左手！

欧米トッププロもG1スイングだ！

4度のメジャー制覇を果たし、世界ゴルフランキングでは常に上位に位置しているローリー・マキロイ。そんな世界のトッププロのスイングは、G1スイングと共通します。

マキロイもG1スイングのダウンスイングの基本、「振り下ろす」のではなく「クラブを巻き付けたまま振る」ことを実践しています。

ローリー・マキロイの「裏面ダウン」と「招き猫」フィニッシュが凄い！

身長175cmと海外プロの間では比較的小柄なローリー・マキロイ。日本人アマチュアゴルファーは彼のスイングを参考にするといいでしょう。

右手が下。
グリップエンドが左腰ポケットに入るイメージ。これがスイングレフトの基本。

豪打と安定性を兼ね備えたダスティン・ジョンソンのショットの秘密は、G1スイングの「スイングレフト」にあると言えるでしょう。

欧米トッププロもG1スイングだ!
メジャー覇者のスイングレフトは必見

2020年のマスターズ優勝者のダスティン・ジョンソンと、PGAツアーとヨーロピアンツアーで活躍するパトリック・リードのインパクトは必見です。

ダスティン・ジョンソンもパトリック・リードも「スイングレフト」を実践!

スイングレフトをすると、このように身体の左側に手とグリップが入り込んでいきます。

常に右手が左手の下になります。グリップエンドを左腰のポケットに入れるイメージでスイングします。

左腰のターン、右膝のキックインを上手に使うパトリック・リード。そこからスイングレフトでボールを打ち出します。

G1スイング連続図解

板橋プロによるG1スイング（7番アイアンを使用）。
動画と合わせて、スイングの動きをご覧ください。

右腕の橈骨を軸に、腕を外側に回転させるのがポイント。そうすれば自然とクラブのフェースが開きます。

クラブを高い位置に振り上げるのではなく、右腕を右肩の上に持ってくるイメージでテイクバックします。

両腕と両手を常にクラブより先行させます。インパクトでは決して手首を返しません。

クラブが身体に巻き付くようなフィニッシュ。左の手のひらは前方に向き、招き猫の左手のようになります。

ゴルフ ＋50ヤード飛ぶ！

超図解 欧米トッププロスイング

板橋 繁 著 Yuichi・K 作画
Shigeru Itabashi

レッスンプロ
板橋 繁
左のヒップターン
ボールはほとんど見ない
裏面ダウン
バックフェースを加速
右膝の送り

池田書店

はじめに

▼この本を読まれる方へ

今から十余年前、欧米のトッププロ達が実践し、欧米の名だたるレッスンプロが教えているスイング、すなわち「G1スイング」を、私は日本のゴルファーに披露しました。「スイング中に手首を返さないノーリストターン」や「クラブを決して振り下ろさない裏面ダウン」、「グリップが常にヘッドに先行するスイングレフト」といった欧米式のスイング理論は、日本人ゴルファーにセンセーションを巻き起こしました。

そして2021年、より進化したG1スイング（＝欧米トッププロスイング）をご紹介したいと思います。ミート率が高く、そしてまっすぐ飛んで距離が出て、なおかつ怪我やトラブルが少ないスイングに取り組んでいるゴルファーと、その成果をご紹介しましょう。彼らのように、このスイングを習得し、もっとゴルフを楽しんでください。

レッスンプロ　板橋 繁

板橋プロは街中のインドア練習場や郊外のゴルフ練習場などを利用して、欧米トッププロスイングを教えています。「生徒の皆さんは皆、自分のスイングを改善しようと非常に熱心です」と板橋プロ。

両国でのレッスンを取材中、おもにソールを地面に擦らせる動作と、クラブを身体に巻き付ける動きを反復する山下さん。

「一向にゴルフが上達しなかったので、"最後の砦"として板橋プロに習いました」

山下一夫さん

(79歳　ゴルフ歴30年以上)

80歳を目前にして、まだまだゴルフのスキルアップを望む山下さん。「今までいろいろなスクールに行ったけど、いまいちしっくりこなかったんです。そんなときにYouTubeで板橋プロのG1スイングを見て、すぐに習い始めたんです」と語ります。今までの認識を覆すスイング理論に衝撃を受け、月2回ほどのペースで通っているとか。「クセ球が直って、飛距離が伸びました」と嬉しそうに語る山下さん。

吉田嘉昭さん

（67歳　ゴルフ歴30年以上）

「レッスン当初は難しかったですね。
おかげで、今はスイングが
安定しました」

長くゴルフを続けている吉田さんは、今でも月1回くらいのペースでラウンドする熱中ぶり。ところが、ここ最近ボールの弾道が安定しなくなったため、板橋プロのレッスンを受け始めたそうです。「レッスンはもう4～5年になります。ノーリストターンを覚えてからはスイングが安定し、ドライバーは200ヤードまで飛ぶようになりました。アイアンも各10ヤード伸びています」と吉田さんは語ります。

「ノーリストターンでスライスが解消しました」

有田 淳さん

（57歳　ゴルフ歴20年）

「ゴルフがもっと上手くなりたい」と渇望していた有田さんは、YouTubeで板橋プロのG1スイングを見て、すぐにレッスンを受け始めたそうです。「ここ2年くらい通っていますが、自分が今まで振っていたスイングとはまるで違うことに驚きました。特に印象的だったのはノーリストターンと、クラブを身体に巻き付けることですね」と語る有田さん。それらを体得した有田さんは打球の弾道が安定（悩んでいたスライスが解消）し、飛距離がぐんと伸びたそうです。

シャープなスイングを身に付けさせるために、板橋プロは基本であるグリップからチェックします。

「自分のスイングが後半で速く、大きくなるのが実感できます」

辻本俊夫さん
（52歳　ゴルフ歴22年）

辻本さんは長いゴルフ歴の中でも、特にここ最近の4年間、真剣に打ち込んでいるそうです。それというのも4年前に、板橋プロのG1スイングに出会ったから！「動画では裏面ダウンがよくわからなくて、実際にレッスンを受けたんです」とか。レッスンを重ねるうちに裏面ダウンを体得でき、「ドライバーが200ヤードに届かなかったのに、今では楽に200ヤードを超えるようになりました」と、大満足の様子。

「たった1年くらいのレッスンで
スイングがとても良くなりました」

花田博甫さん
**（83歳
ゴルフ歴15年以上）**

80歳を超える花田さんのゴルフ歴は、実際はもっと長いのですが、熱心にスキルアップに取り組みだしたのがここ15年だから。「75歳からいろいろなゴルフスクールに通ってたんですが、もっと上手くなりたくて板橋プロに教わりました」と語る花田さん。約1年のレッスンで、めきめきと上達！「力を必要としないスイングなのに、飛距離が格段にアップしました」と、花田さんは嬉しそうに語ります。

**「半年ほどのレッスンで飛距離が
格段に伸びたのが嬉しいですね」**

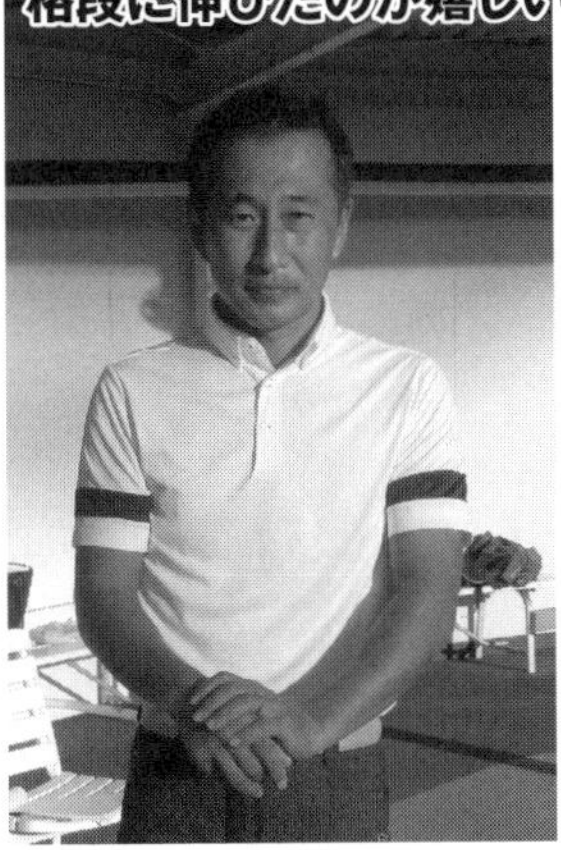

池田元之さん
（46歳　ゴルフ歴11年）

ゴルフ歴11年でHC10というアスリートゴルファー。「自分のスキルに限界を感じたので、板橋プロのレッスンを受け始めました。スイング理論はすぐに理解できたんですが、実際に技術を体得するのはなかなか難しいですね（笑）。でも、裏面ダウンを覚えてからは、ドライバーの飛距離が格段に伸びて、今は280ヤードを超えそうです」と語る池田さん。さらにスキルアップを目指すそうです。

第4章

超図解・G1スイング

セットアップからフィニッシュまで、動きに沿ってG1スイングの理論と技術を写真とイラストで解説します。動画も合わせてご覧いただくと、習得に効果抜群です。

第5章

欧米トッププロスイングを体得する！反復ドリル12種

右手、左手の動き、腕の動かし方、体幹のイメージなどを身に付けるためのドリルを紹介します。ゴルフ練習場や自宅で、繰り返し練習してください。

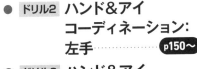

おわりに

ゴルフスイングを理解しゴルファーの身体を整える整体師との出会いで、板橋プロはスイング理論を再構築。ゴルフを長く楽しむために、身体に優しいスイングを提唱します。

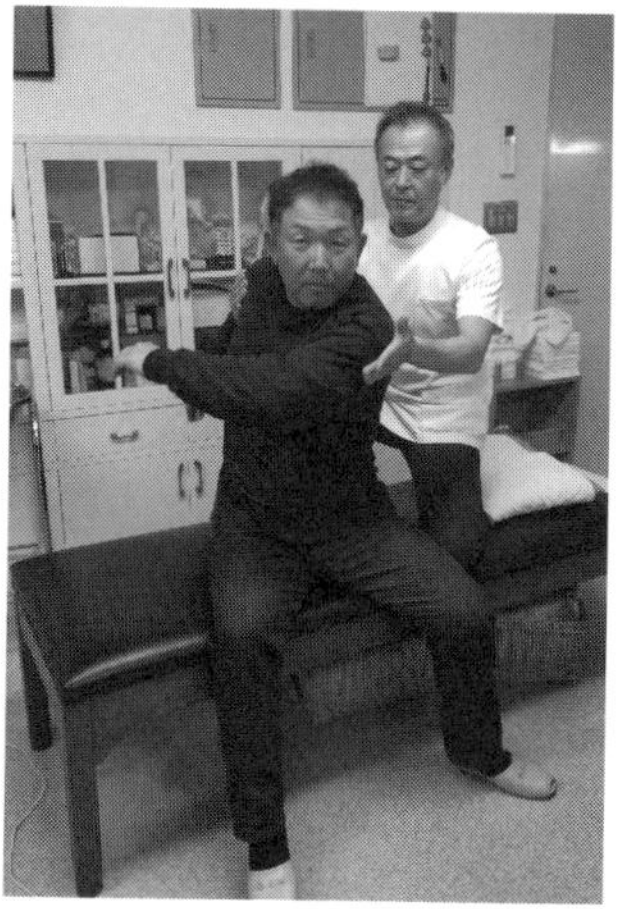

序章

G1スイング発動！
板橋 繁プロのゴルフストーリー

“ニッポンの体育会系ゴルフ”を経験した後で、オーストラリアという恵まれた環境で育まれた“自由なゴルフ”を体験した板橋プロ。そうした中でのさまざまな人、いろいろなゴルフとの出会いが、革新的なスイング理論を生んだのです。

日本体育大学ゴルフ部でコーチングの根本を経験

▼ゴルフのスタートはガチガチの体育会系ゴルフ部から

私は千葉日本大学第一高等学校から、ゴルフ推薦で日本体育大学に進学。ガチガチの体育会系ゴルフ部で学生時代を過ごし、卒業後は男子部コーチと女子部監督を務めました。**体育会系特有の厳しい上下関係にはいろいろな意見はありますが、そこで培った礼儀や指導に関する経験が、後にオーストラリアや日本でのコーチングに生きています。**

また、同期には伊澤利光プロがいましたし、試合では他校の部員とも知り合いになれましたし……ネットワークが広がったこともゴルフ部在籍のメリットのひとつでしょう。なにより米国遠征では、クリス・ディマルコを始めとしたアメリカのゴルファー達、およびアメリカのゴルフそのものと出会えたことは大きい！　そうした若い頃の経験が、後にスイング理論を構築し、そしてそれを自分が教える立場になったときにとても役立っているな……と、しみじみ痛感しています。

日体大時代のゴルフの思い出

若きクリス・ディマルコ（2005年のマスターズ最終ラウンドで、タイガー・ウッズと死闘を演じた）と若き板橋プロ。遠征試合で一緒に回り、アメリカ式のパッティングを教わったとか。

大学3年時の日米親善試合でのワンシーン。中央の背の高いのがパット・ベイツで、その左横がダドリー・ハート。小達敏昭プロ（右から2番目）の顔も。

日体大を卒業してからは、日体大ゴルフ部男子部コーチ・女子部監督に就任。この時代に"ゴルファーを指導する"ことの根本を経験。

朝から晩までゴルフ漬けの毎日

▼ヒルズ学園の生徒達には感謝しています！

日体大ゴルフ部のコーチ・監督として大学生を教えている頃、「オーストラリアの現地校にゴルフアカデミーを作り、そこにアジアの学生を送り込んでトッププロを養成する」というプランが持ち上がり、私にコーチ要請の声が掛かったのです。

1995年7月に渡豪し『ヒルズ学園』のゴルフ部監督に就任。日本人学生の中にはヤンチャ坊主もいましたが、彼らに目標を持たせるとみるみる態度が変化して、各自の夢に向かって邁進していきました。そんな様子を見て感激したのを覚えています。また、卒業式では子ども達が両親に感謝の気持ちを伝える姿を見て、心を打たれました。

今から振り返ってみると、子ども達にゴルフを教えることで、自分も今まで気づかなかったことを改めて認識することができたんですね。**つまり、私も彼らからゴルフを教わっていたんです。**こうしたヒルズ学園での経験が、後々のコーチングに役立っています。

オーストラリアでの思い出

1995年にヒルズ学園に赴任した当時のクラス集合写真（写真上）と、卒業記念の冊子（1997年、1998年／写真左）。

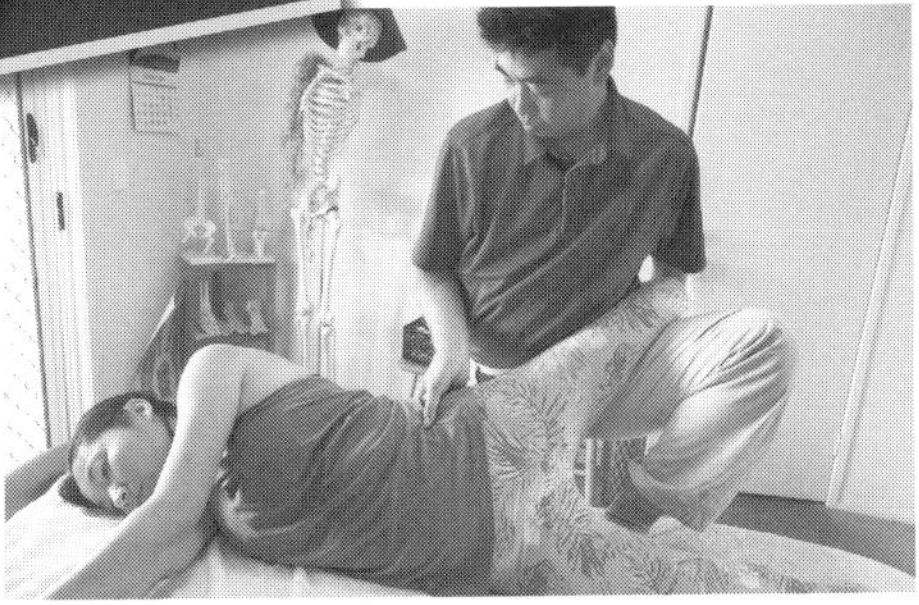

オーストラリアでゴルフ活動中、骨格筋の専門家（マイオセラピスト）藤井慶輔さんと出会った板橋プロ。藤井さんはゴルファーを一目見るだけで、その人の“良くないトコロ”を見抜く実力の持ち主。2人でゴルファーの身体の動きを研究したことが、G1スイング理論の構築に役立ったそうです。

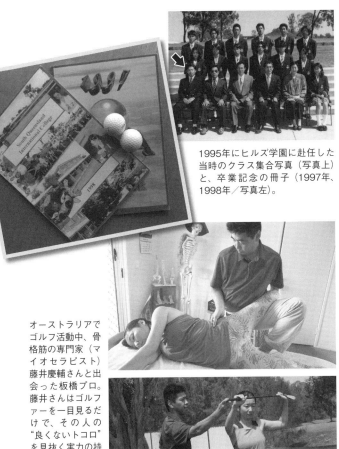

欧米トッププロスイングとの出会い

▼自分のゴルフを一から見直すことに！

ゴルフのコーチとしてオーストラリアに来たのですが、実は生徒達を教える前に自分自身のスイングの改造から始めなければいけませんでした。というのも、高校～大学と続けてきたスイングを見た現地のコーチ陣から、「シゲ、君は自分のゴルフを変えるまでは、まだ生徒に教えることはできないよ」と言われたからです。自分のゴルフ（＝スイング）とは、軸を作って身体を止め、身体の正面で腕をビュ～ンと振って、手首を返してヘッドを走らせるという、日本の誰もがやっている打ち方です。

一方、オーストラリアで〈コーチング・オブ・ザ・イヤー〉を獲得したヒルズ学園の名コーチが教えるスイングは、ハンドファーストやノーリストターンが特徴的、かつ軽くてしなやかな打ち方です。そのスイングを身に付けるため、ゴルフを一から勉強し直したことが、G1スイングの構築に繋がったのです。

ヒルズ学園ゴルフクラスの思い出

オーストラリラでは恵まれた環境と元気で個性的な子ども達、そして優秀なコーチ陣と出会えたことが、後のG1スイングに繋がりました。優勝カップの写真は1998年の中部ジュニアで、ヒルズ学園ゴルフ部が優勝したとき……板橋プロも思い出深いワンシーンとか。

ゴルフクラスの集合写真。オーストラリアのゴルフは栄養学や心理学などを取り入れ、「インジュリータスク」の軽減に力を入れていることにも感銘を受けたそうです。

日本ゴルフの常識はウソだった!?

▼名コーチが日本式スイングを否定!?

ヒルズ学園のコーチ陣には、オーストラリアで〈コーチング・オブ・ザ・イヤー〉を獲得したケン・バートンとイアン・トリックスがいました。その二人が私のスイングを見て、「シゲのスイングはガチガチ。ベリーヘビーだ」と指摘。そして、「ジョージ・ヌードソンの『ナチュラル・ゴルフ・スイング』を読みなさい」と、アドバイスをしてくれました。

辞書と首っ引きで原書を読むと、「懐を作って右肘を入れる」とか「クラブをフリーにして遠心力で飛ばす」とか、日本ではまったく耳にしたことのない内容でした。

例えば日本ではアドレスしたら頭をまったく動かさず、身体を回転させてスイングし、しかもインパクトでは身体を止めて打つ……といったスイングを実践してきました。が、**彼らが推奨するのは「クラブの慣性を生かす」……フリースイングが主体なのです。**そういう違いを知ることができたのは、実りある経験だったと思います。

欧米トッププロスイングはターゲットを意識

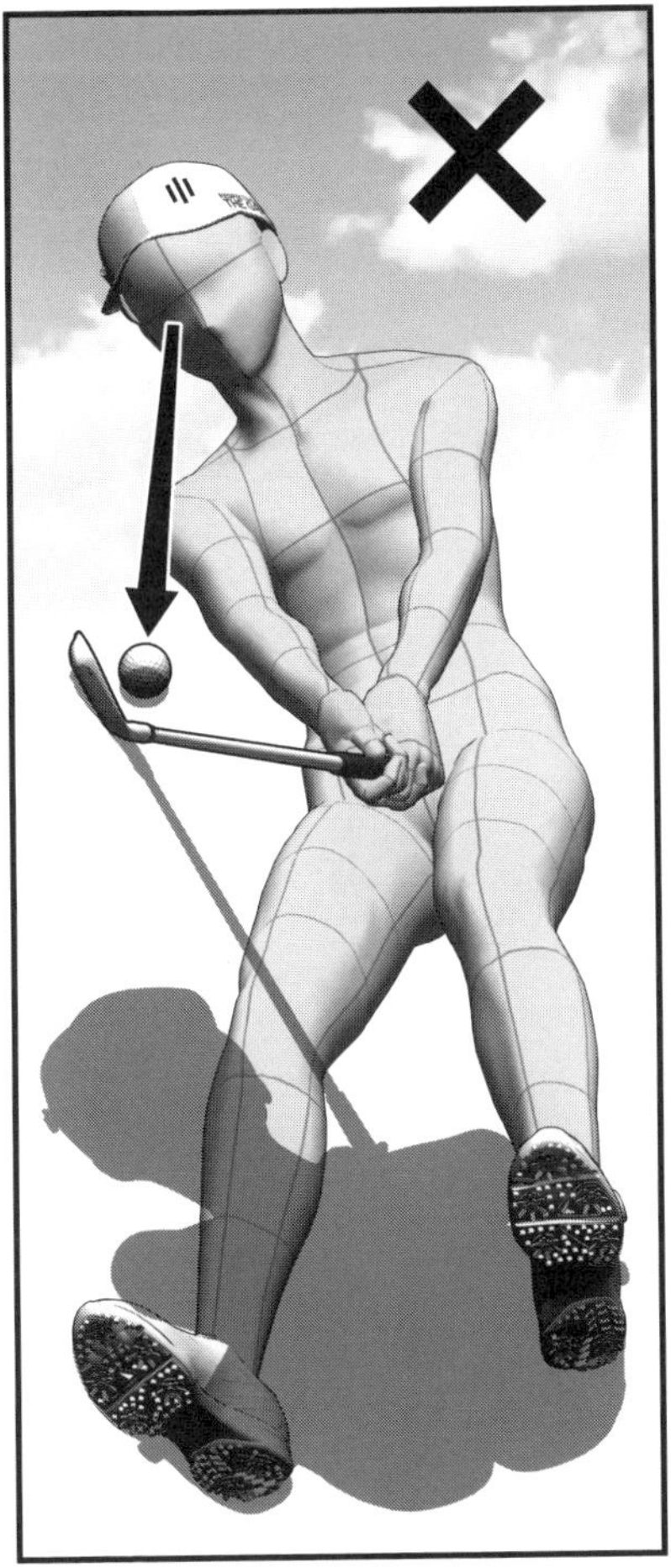

欧米トッププロスイングでは、ボールではなく「ターゲット」に意識を集中します。ボールはスイングの通過点でしかないので、身体の動きは柔らかく自由になります。

日本式スイングではアドレスで「ボールに集中しろ」と教えます。すると、"頭をまったく動かさない"スイングにならざるを得ないのです。

日本と欧米のスイングの違いを知る

▼日本式スイングは間違いだらけ!?

現地のコーチ陣に自分のスイングを披露した際、緊張のあまりに身体じゅうに力が入ってしまい、肩も腕もグリップも腰もガチガチで振ってしまったのを覚えています。結果はチョロ……（苦笑）。それを見た彼らは「ベリーヘビー」と表現したのでしょう。

コーチ達のアドバイスで自分のスイングを見直した私は、〝私が今まで行ってきた日本式スイング〟と〝彼らが推奨する欧米トッププロスイング〟には大きな違いがあることに愕然としました。中でもインパクトの際の手首の動きが特徴的です。

日本式スイングは手首を返してヘッドを走らせますが、欧米トッププロスイングは常にハンドファーストをキープして手首を返さないのです。また、彼らが推奨する打ち方はボディターンが主体で、ソフトグリップを最後までキープして、しっかりとインバランスフィニッシュをとることが基盤なのです（140～143ページ参照）。

ノーリストターンかリストターンか!?

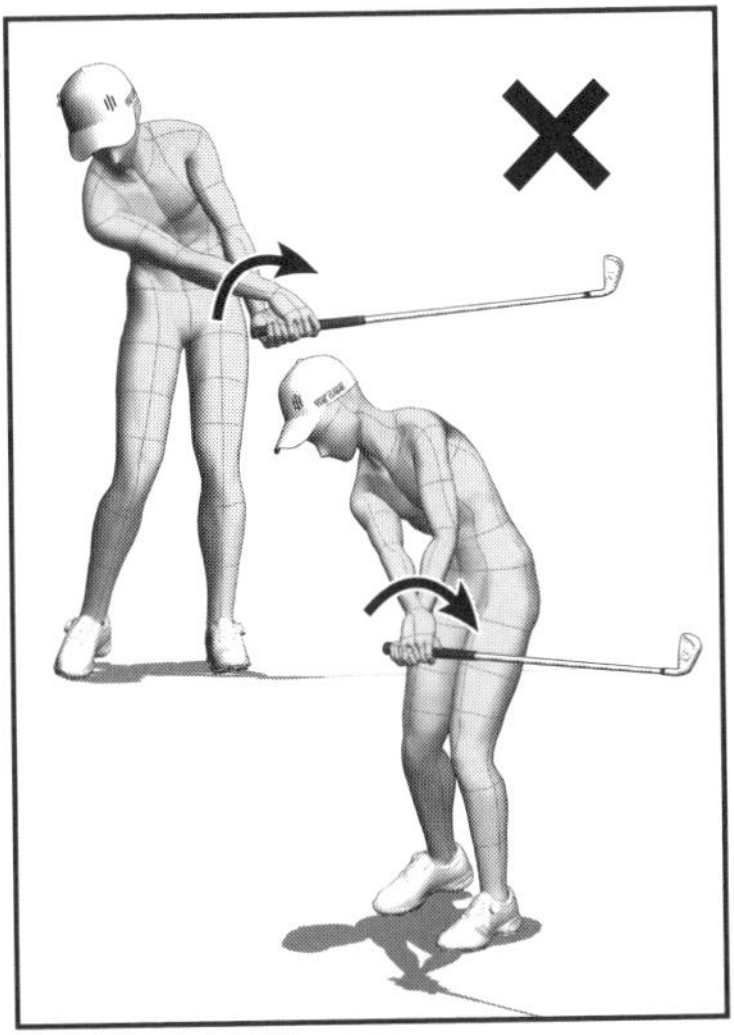
×

欧米トッププロ
スイングは
手首を返しません！

なにがなんでも
頭を残し、
身体の回転を止めて、
強く手首を返す……。
これが日本人
ゴルファーによく
見かけるスイングです。
これはNGです！

Column 1

板橋プロがイメージするカラーは「ブルー」

ここ最近の私のメインカラーは「ブルー」です。ブルーって“空”をイメージさせるじゃないですか。そして青く澄んだ空は、ゴルフには欠かせないものですから、僕はブルーが好きなんです。そういう思いもあって、シャツとキャップにはブルーを選んでいます。また、息子の名前は「青樹」ですが、「青」がオーストラリアの広くて気持ちいい空、「樹」はオーストラリアの大地に生えている大きな樹をイメージして命名したんです。

第1章

欧米トッププロのスイングからG1スイングを学ぶ

ローリー・マキロイやダスティン・ジョンソンを始めとした欧米トッププロは、G1スイングを実践！　彼らのスイングを見て、G1スイング習得に役立てましょう。

世界のトッププロが実践① アドレス

▼アドレスはスイングの土台を作る

私が推奨するアドレスとは、「身体を捻るための土台」です。両足でしっかりと地面を掴み、ゴルフスイングに必要不可欠な身体の回転を生み出すための土台がアドレスなのです。ですから、両足の指の第二関節まで曲げて地面をグッと押さえ、両方の踵にもしっかりと力を加えることも大事です。**ここで気をつけなければいけないのは、「反り腰」です。**背筋を伸ばしてお尻を高く上げようとするあまり、腰が反って構えている人が少なくありません。左ページで反り腰にならないためのコツを伝授したので、ぜひお試しください。

世界アマチュアランクトップの肩書きを引っさげて2010年にプロ転向し、翌年に早々とツアー初優勝を飾ったトミー・フリートウッドのアドレスに注目。決して反り腰ではなく、自然体で構えているのにとても安定しています。海外の試合のテレビ中継で、彼のアドレスをチェックしてみるといいでしょう。

動画はココ！

トミー・フリートウッドの安定したアドレス

骨盤を起こし恥骨を上げる意識で構えると、トミー・フリートウッドのような安定したアドレスになります。また、両足の指を第二関節まで曲げて、地面をグワッとわし掴みするイメージで立つことも重要です。

これはアドレスの悪い例。背筋を伸ばしてお尻を上げようとするあまり、反り腰どころか背中まで逆反りしています。

アドレスに入る前に、おへその下（指３本分）をポンッと叩きます。すると下腹が引っ込み、骨盤が起きて反り腰を防ぐことができます。

世界のトッププロが実践② テイクバック

▼トップではシャフトが右耳と右肩の間に！

2007年にプロ入りしたローリー・マキロイ。その2年後にはドバイデザートクラシックで欧州ツアー初優勝を飾り、’11年に全米オープンでメジャー初優勝、そして’14年には全英オープンを制覇。キャリアグランドスラムに王手をかけました。

そんな彼のスイングを見ると、アドレスからテイクバックまで、手首が低い位置から上がっているのがわかります。**トップの位置ではシャフトが右耳と右肩の間に倒れ込み、まるでクラブが身体に巻き付くようです。**

実はマキロイはテイクバックだけでなく、ダウンスイング～インパクトでもG1スイングの理論&技術を実践しています。トップからクラブがボールに対して最短距離で動き、左腰が速く鋭くヒップターンします。テレビでトーナメントの中継を見る際、ぜひマキロイのスイングをチェックしてみるといいでしょう。

動画はココ！

ローリー・マキロイのナチュラルなテイクバック

日本式スイングはトップの位置を厳しく定めがち。欧米トッププロスイングではアドレスから自然に右肘を曲げて右肩へ上げるだけで、トップの位置を意識しません。

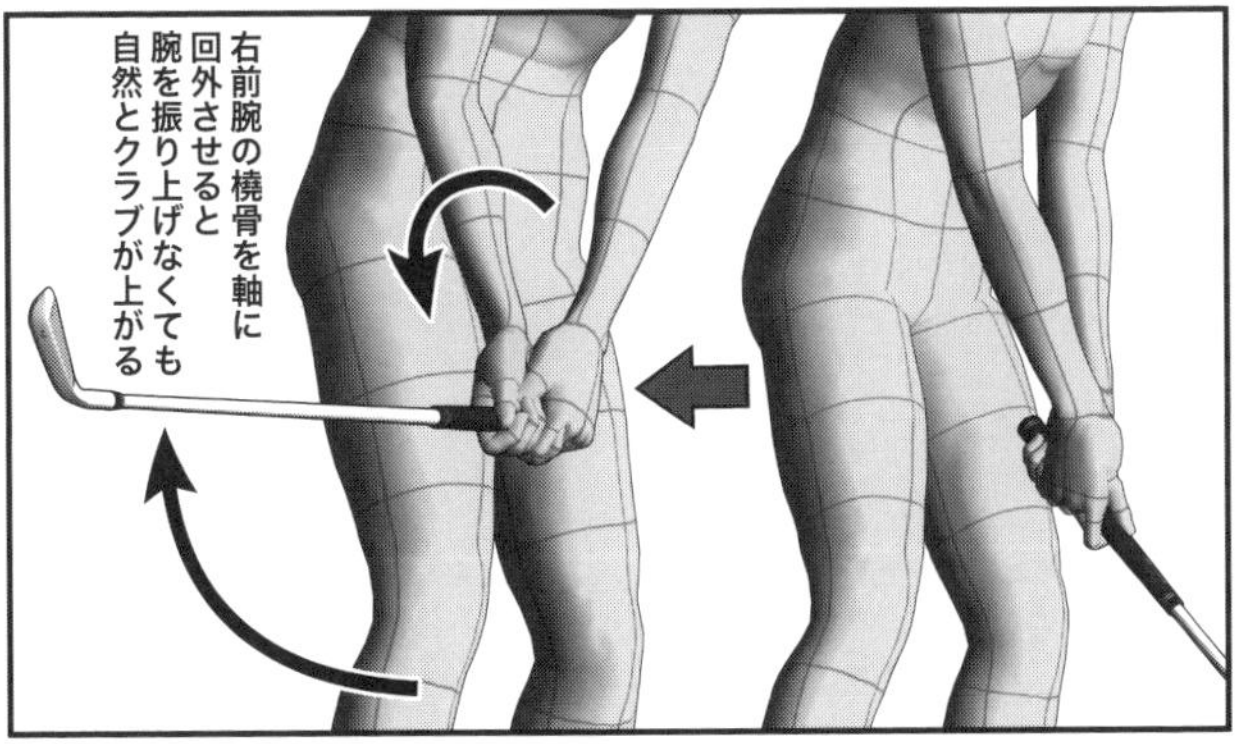
右前腕の橈骨を軸に
回外させると
腕を振り上げなくても
自然とクラブが上がる

右腕の橈骨を軸に外側に回しながら腕を上げると、自然とグリップが身体の近くを通ります。トップではクラブが身体に巻き付くイメージが大事。

世界のトッププロが実践③ 裏面ダウン

▼女子プロも認めた「再現性の高い」スイング

前ページで説明したローリー・マキロイを始めとして、世界のトッププロは非常に合理的で再現性の高いスイングをしています。もちろん女性のトッププロも実践しています。例えばロレーナ・オチョアに注目。世界ジュニアで5勝、アリゾナ大学時代は2年連続でＮＣＡＡ最優秀選手賞を獲得、プロ転向後は2007年に全英女子オープンを制した彼女も、しっかりと裏面ダウン～裏面ゾーンを行っています。

トップから右脇を締めて右肘を曲げたまま、胸骨を中心に上体を回転かつ側屈。右肘をみぞおちに当てるようにして絞り込んでくると、フェースが真上を向きます。そこから上体をカバーリングしながら身体を回転させますが、このときヘッドは後ろに残ったまま、グリップは左腰に向かっていきます。**こうした裏面ダウン～裏面ゾーンの動きが、オチョアのスイングに再現されています。**

動画はココ！

ロレーナ・オチョアのスムーズな裏面ダウン

クラブをキャスティングせず、ボールに対して最短距離で動かすことが大事。オチョアは引退したので、動画サイトなどで彼女のスイングをチェックしてみましょう。

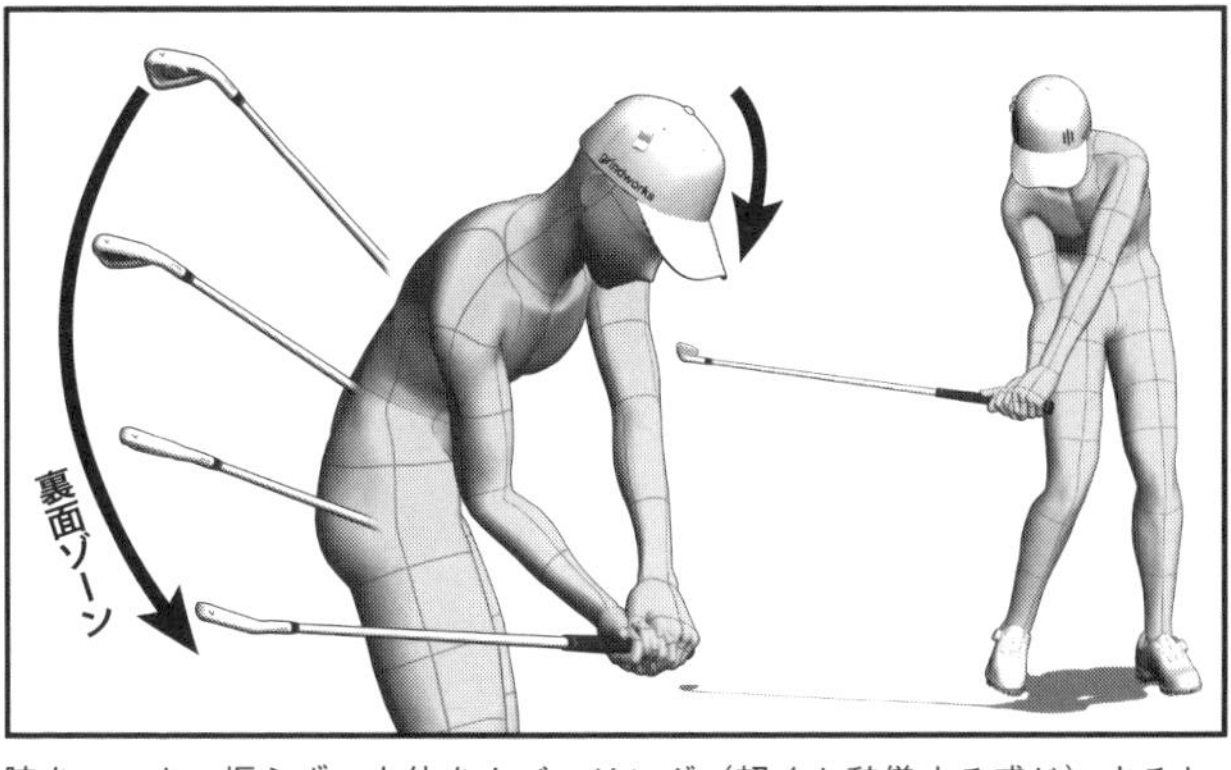

腕をいっさい振らず、上体をカバーリング（軽くお辞儀する感じ）すると、ヘッドの重さと慣性力で裏面が自然とボールに向かいます。

世界のトッププロが実践④ノーリストターン

▼〝手首を返さない〟は世界に浸透！

欧米トッププロスイングと日本式スイングにはいろいろと違いがありますが、その中でも特徴的なのがインパクト時の「手首の使い方」でしょう。**欧米のトッププロ達は手首を返さない「ノーリストターン・スイング」を実践しているのです。**

ノーリストターンはクラブが腰の高さまで下りてきたら、上体をカバーリングしつつ身体を回転させていきますが、常にヘッドを背面に残しつつグリップエンドを左腰に直角に回り込ませるようにするのがポイントです。大学時代に2度オールアメリカンに選出され、プロ転向後は2018年にマスターズでメジャー初優勝を飾ったパトリック・リードも、ノーリストターンの動きを忠実に再現。特に彼の左腰の引きは欧米プロの間でもトップレベルと言われているので、より一層ノーリストターンの効果が上がります。ここ最近大活躍の彼のスイングをテレビ中継などで見て、G1スイング習得に役立ててください。

動画はココ！

パトリック・リードも忠実にノーリストターン

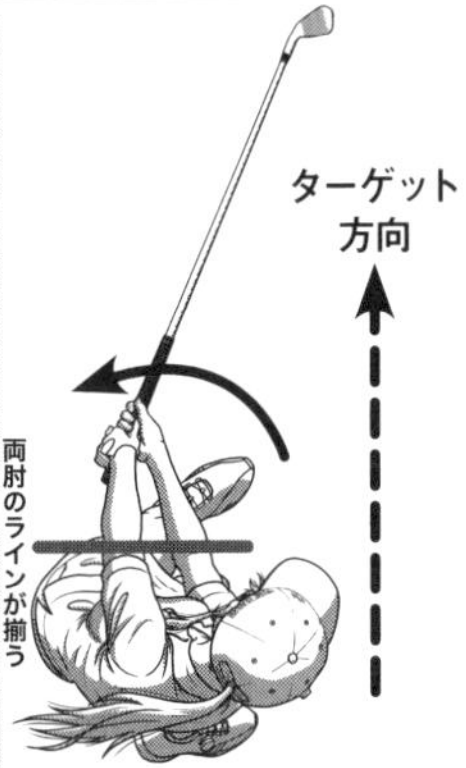

パトリック・リードの両肘が揃い、身体に密着。決して手首が返っていないことに注目。常にハンドファーストをキープすることが大事です。

グリップエンドが左腰のポケットに入り込むイメージ。板橋プロとパトリック・リードのフォームがシンクロしています。

世界のトッププロが実践⑤ フォロー

▼スイング後半からトップスピードへ

２０１０年の全米オープンでプレーオフ進出を逃して以来、'11年の全英オープンで２位、'15年の全米オープンでも2位だったダスティン・ジョンソン。そしてついに'16年の全米オープンで念願のメジャー初制覇を果たしました。そんな彼のスイングを見ると、フォローの大切さがよくわかります。

彼のスイングはインパクト時にグリップがボールより前にある、理想的なハンドファースト。そこからやや前傾姿勢をキープしつつ上体を回転させることで、大きなフォローを再現しています。**そのため後半加速によってヘッドスピードが上がり、まっすぐ飛んでなおかつ飛距離が伸びるのです。**ここ最近の彼の活躍ぶりは、こうしたスイングのおかげと言えるでしょう。彼の好成績は当分続きそうなので、メジャー大会のテレビ中継でスイングをチェックする機会はたくさんあるでしょう。

動画はココ!

ダスティン・ジョンソンの躍動感のあるフォロー

2015年のシーズンではドライバーの平均飛距離が317.7ヤードと、堂々の1位に輝いたダスティン・ジョンソン。右肩の運動量が大きいため、こんな大きなフォローが生まれます。彼の飛距離が伸びたのは、このフォローのおかげと言えるでしょう。

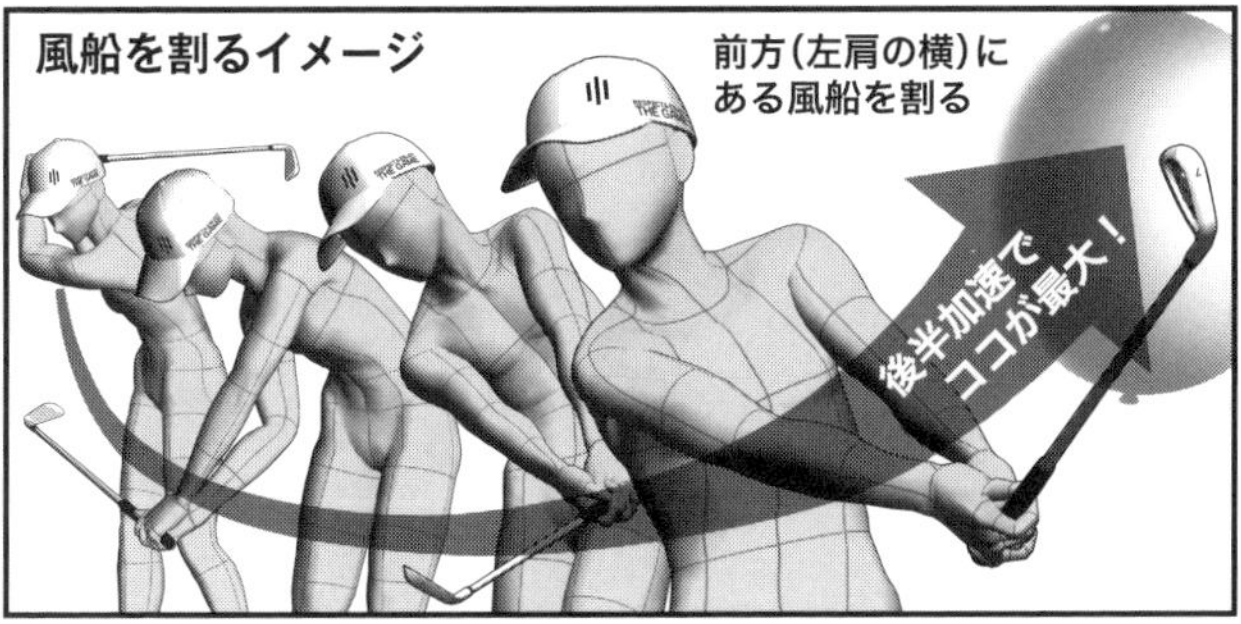
風船を割るイメージ
前方(左肩の横)に
ある風船を割る
後半加速で
ココが最大!

裏面ゾーン〜スイングレフトで解き放たれたクラブ。そこからスピードが加速しますが、「前方の風船を割る」イメージでスイングします。

世界のトッププロが実践⑥ フィニッシュ

▼外国人も〝招き猫〟のポーズ！

スイングレフトでグリップを左腰へ直角に回り込ませ、フォローでスイングを大きく加速させると、実はクラブは自然とフィニッシュに向かうのです。フェース面を返さないでクラブを巻き付けたまま回転させると、上方向への浮力が働くからです。

クラブの浮力を意識しつつ身体を回し続けると、自然と〝招き猫〟のようなポーズになります。このとき無理に背中を反らせて、「逆Cの字」にならないように注意します。

そんなG1スイングのフィニッシュは、長身のトッププロ、ヘンリック・ステンソンのスイングに見ることができます。彼はボールを打った後はとてもリラックスして、無理にフィニッシュのカタチに持っていこうとしません。クラブに身体を追随させているのですが、クラブの回転力と浮力によって長身のステンソンのフィニッシュ位置までクラブが向かうのです。そして、スウェーデン人の彼も〝招き猫〟でフィニッシュ！

動画はココ！

ヘンリック・ステンソンの安定したフィニッシュ

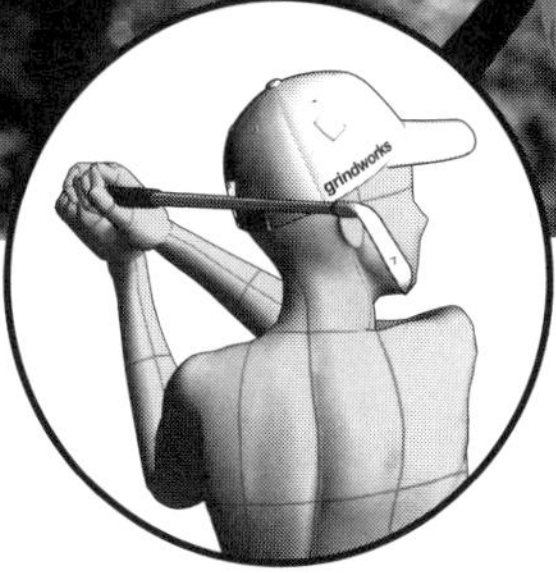

ヘンリック・ステンソンはティーショットで3Wをよく使います。それでも300ヤードオーバーする秘密は、このフィニッシュにあると言えます。

フィニッシュではグリップが左耳の横にきて、左腕の前腕部は地面と垂直になります。左手の手のひらと右手の甲がターゲット方向を向きます。左手は“招き猫の左手”をイメージしましょう。

Column 2

クラシカルな設定のマッスルバックがお薦め！

キャビティ＆低重心＆ストロングロフト、軽くて“打ちやすい”イマドキのクラブを否定はしませんが、そういうクラブを使うことによってゴルファーが“楽をすること”が心配です。G1スイングを習得すれば、プロが好む上級者用のクラブでもクリーンヒットできるようになります。難しいクラブを上手に使いこなして18ホールを回る方が、ゴルフの醍醐味を満喫できるでしょう!?

第2章

欧米トッププロスイングを形作るディテール

～身体の部位の動きを追う～

欧米トッププロスイングのスイング過程の中からポイントとなるディテール……頭、腕、腰、膝に焦点を当て、それらの動き方のイメージを把握。スイング習得に役立ててください。

上体の動きに連動して頭も動く

▼ダウンスイング時の上体の動き

日本式スイングでは「アドレスを構えたら頭を絶対に動かさずスイングする」と教えられます。実際のところ、私も高校～大学を通して、軸を作って身体を止め、身体の正面で腕をビュ～ンと振って、手首を返してヘッドを走らせるという打ち方をしてきました。このようなスイングは腰や背中、首などにもの凄く負担がかかってしまいます。

一方、欧米トッププロスイングでは、テイクバックしながら視線が飛球線後方の斜め上へ動き（左目でボールを見る）、トップからダウンスイングに入るときには上体の側屈に合わせて頭も動きます。そして、クラブがボールに対して最短距離で下りてくるときには、沈み込んでいく上体と頭が同調します。とはいえ、これはあくまでもイメージです。実際にスイングすると、下りてきたクラブの反動で沈み込んだ上体が自然と起き上がるので、実は頭は左ページの矢印ほど動いていないことが実感できます。

動画はココ！

クラブの落下とともに上体も沈む

トップの位置から右脇を締めて、上体を側屈させます。右肘がみぞおちに当たるように上体を沈み込ませると、その動きに頭も同調します。しかし、実際のスイングでは下りてきたクラブの重さの反動で、上体は自然と起き上がるので、これほど頭は動いていません。スイングしてみるとよくわかります。

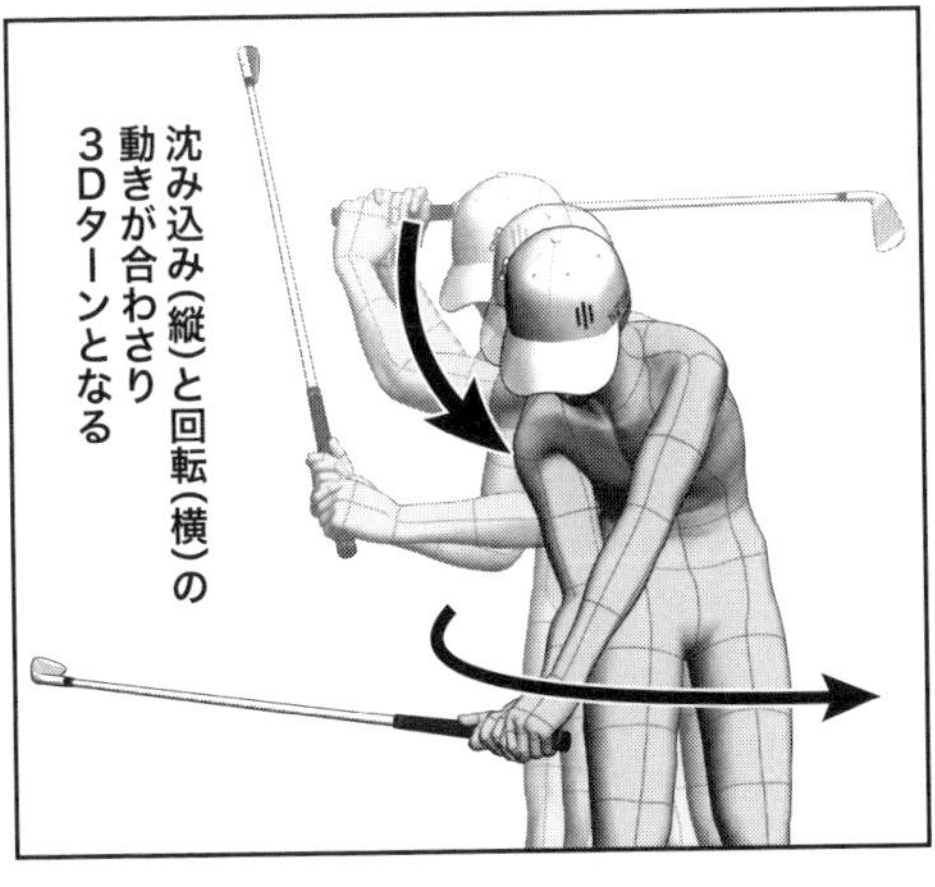
沈み込み(縦)と回転(横)の動きが合わさり3Dターンとなる

トップから裏面ダウンにかけて、上体は「側屈〜沈み込み」と動き、その動きに頭は同調します。

上腕が身体から離れないように上げる

▼橈骨《とうこつ》を軸に回外《かいがい》して上げる

欧米トッププロスイングのテイクバックは、アドレスから右腕を橈骨を軸に回外させます。すると、自然とクラブヘッドが身体の右側に動いてフェースが上を向き、テイクバックへの動きが始まります。**そのまま右肘を曲げればクラブが身体の近くを通って、右肩まで上がります。**つまり、オートマティックにトップの位置を形作ることができるのです。

ところが、日本式スイングはクラブを飛球線後方へ大きく遠くへ振り上げて、テイクバックをします。しかも、テイクバック〜トップというとても短い時間の中で、グリップや手首の位置や形を意識するため、かえってフォームを乱してしまいます。

左ページで解説している「橈骨を軸に回外して上げる」という右腕の動きの軌跡イメージを覚えれば、テイクバックがとてもスムーズになり、しかもトップは簡単に決まります。ゴルフ練習場や自宅で、繰り返し練習してください。

動画はココ！

アドレスからトップまでの右腕の動き

欧米トッププロスイングでは「腕を振り上げる」「腕を振り下ろす」という動作はしません。テイクバックでは右腕（と左腕）が身体の近くを通って、右肩まで上がります。

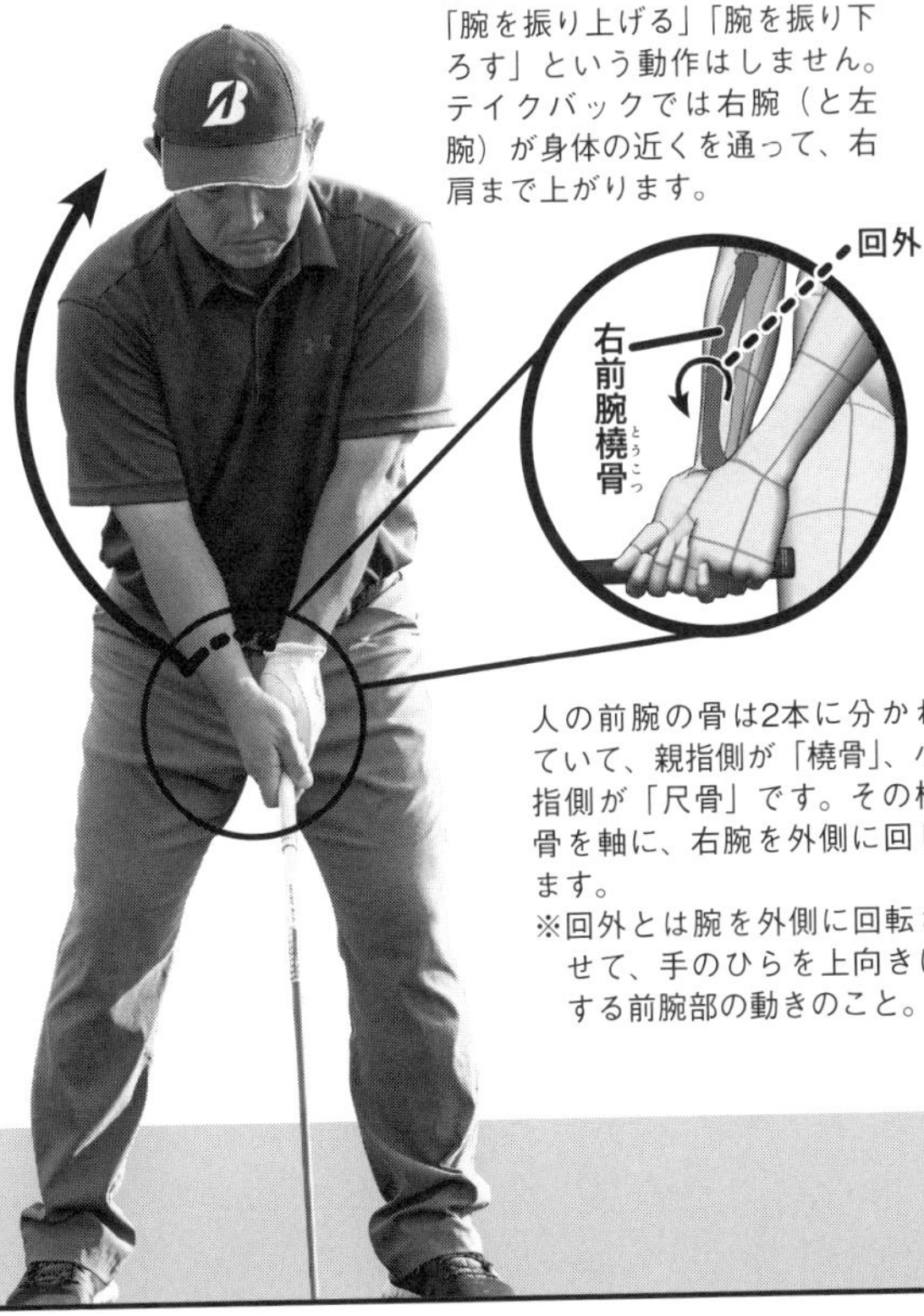
回外
右前腕橈骨《とうこつ》

人の前腕の骨は2本に分かれていて、親指側が「橈骨」、小指側が「尺骨」です。その橈骨を軸に、右腕を外側に回します。
※回外とは腕を外側に回転させて、手のひらを上向きにする前腕部の動きのこと。

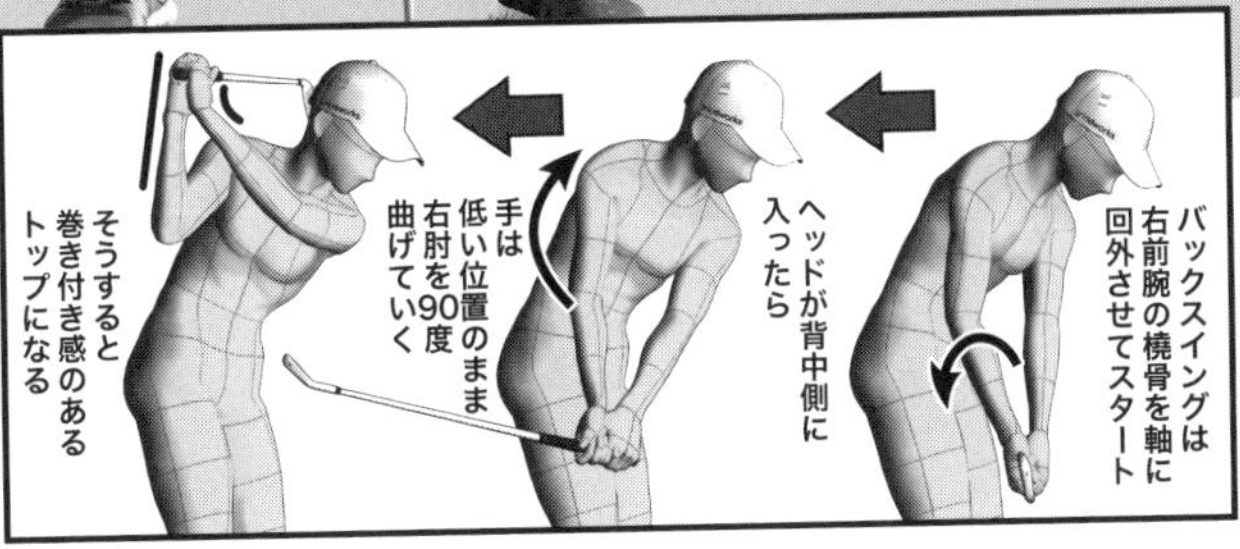
バックスイングは右前腕の橈骨を軸に回外させてスタート
ヘッドが背中側に入ったら
手は低い位置のまま右肘を90度曲げていく
そうすると巻き付き感のあるトップになる

常にハンドファーストをキープ

▼常にグリップがヘッドに先行する

トップから上体を側屈させつつ胸郭を右に後傾させながら、右肘をみぞおち横に絞り込み、クラブをボールに対して最短距離で下ろしてくる裏面ダウン。**クラブが腰の高さまで下りてきて裏面ゾーン~スイングレフトに入ると、左腕の動きが重要になります。**腰の位置にあるクラブのヘッドをボールに合わせようとせず、右肘はトップ時の角度をキープし、右手首は甲側に折れないようにキープ（イメージは掌屈）したまま、グリップを左腰方向へ直角に回り込ませます。

また、ノーリストターンでは、ハンドファーストをキープしてヘッドをギリギリまで背中側に残します。ここで左手をターゲット方向に出してしまうと、手首が返って、ヘッドがターゲット方向に振り出されてしまいます。左手は「気をつけ！」のポーズをすることで左足の外側にきて、ようやくフェースアップします。

動画はココ！

裏面ダウンからの左腕の動き

トップからクラブが降りてくる際、左肘はちょうど水平チョップを繰り出すような形になります。

脇は閉めない。

体幹の太い軸を感じで回転。このときヘッドの裏面が地面を向いています。右腕（グリップエンド）を左腰に回り込ませますが、常に右手がヘッドより先行するようにします。

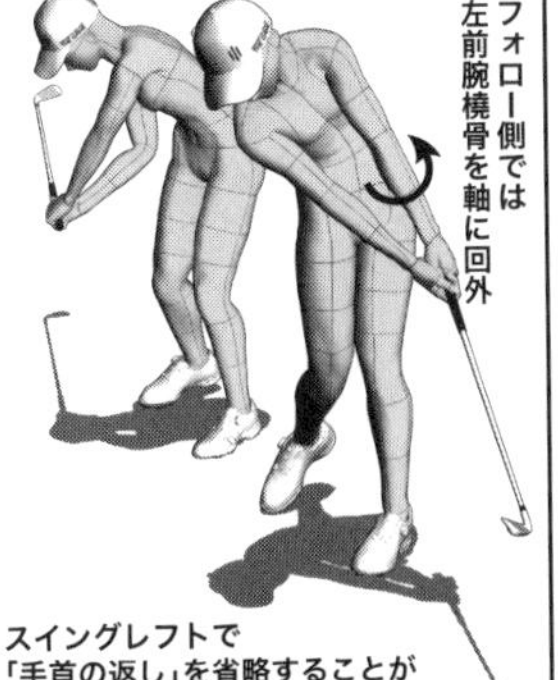
フォロー側では左前腕橈骨を軸に回外

スイングレフトで「手首の返し」を省略することができるので、再現性が高く飛んで曲がらないボールが打てるようになります

クラブが腰の高さにきたときがポイント

▼左腰を鋭くヒップターン

日本人ゴルファーの多くはクラブのフェースをボールに直角に当てようとしますが、G1スイングはそもそもインパクトを意識しません。

そこで、腰（と次ページの膝）の動きがキーになってきます。**左腰を鋭く速くヒップターン（ファストヒップターンは世界共通語）させると、裏面ダウンでクラブが自身の重みで下りてくるのです。**あるいはトップから上体を側屈させているときでも構いません。これはあくまでもイメージであって、実際にスイングすると、ヒップターンのタイミングは左ページの写真のようにクラブが腰の高さのときになっています。

ちなみに、スイングスピードが速いトッププロほど、ヒップターンは非常に早いタイミングで行い、しかも一瞬です（120〜121ページと122〜123ページを参照）。少しでも早いタイミングでヒップターンできるように、頑張ってください。

動画はココ!

裏面ダウンからの腰の動き

トップから上体を側屈する際に下半身のアクションを入れると、ヘッドの裏面が自然に倒れていきます。日本式スイングは点線のような“左の壁”に左腰を当てますが、欧米トッププロスイングではご覧のとおり余裕があります。

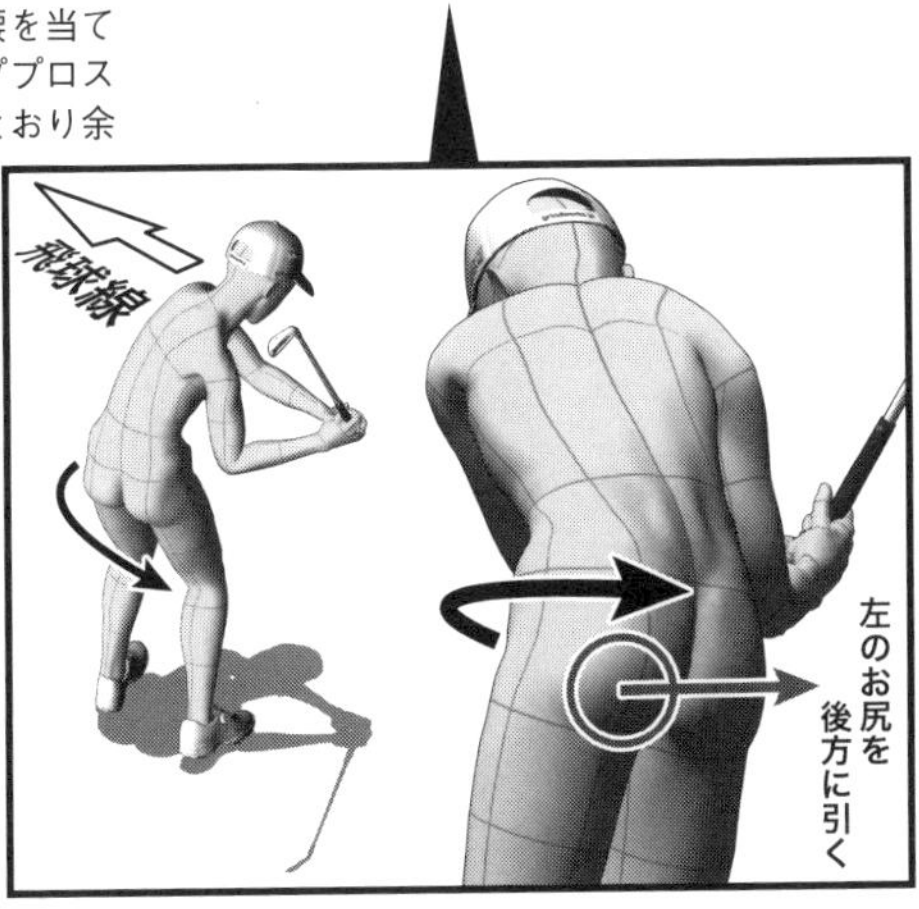

左腰をヒップターンすることで、クラブのフェースがインパクト後に自然とターゲット方向を向きます。

ヒップターンとキックインは同時

▼右膝を鋭くキックイン

裏面ダウン〜裏面ゾーン〜スイングレフトの動きをレッスンすると、「いつフェースをスクエアにするんですか？」という質問をよく受けます。しかし、欧米トッププロスイングでは丸く小さく振った軌道上にたまたまボールがあるだけで、そのボールにフェースをスクエアに合わせようという意識は必要ありません……と書くと、余計に頭がこんがらがってしまうかもしれません。では、どうすればいいか!?

裏面ダウンでクラブが自身の重みで下りてきたときに、前ページで説明した左腰ヒップターンと同時に、右膝を速く鋭くキックインさせるのです。**このキックイン（とヒップターン）をすることで、クラブのフェースが自然とターゲット方向を向きます（120〜121ページと122〜123ページを参照）。**このキックインとヒップターンを習得すればボールはまっすぐ飛んで、しかも飛距離がアップします。

動画はココ！

裏面ダウンからの右膝の動き

トップから裏面ダウンに入る際、右足の踵と母指球にグッと力を入れると、自然と右膝が内旋します。

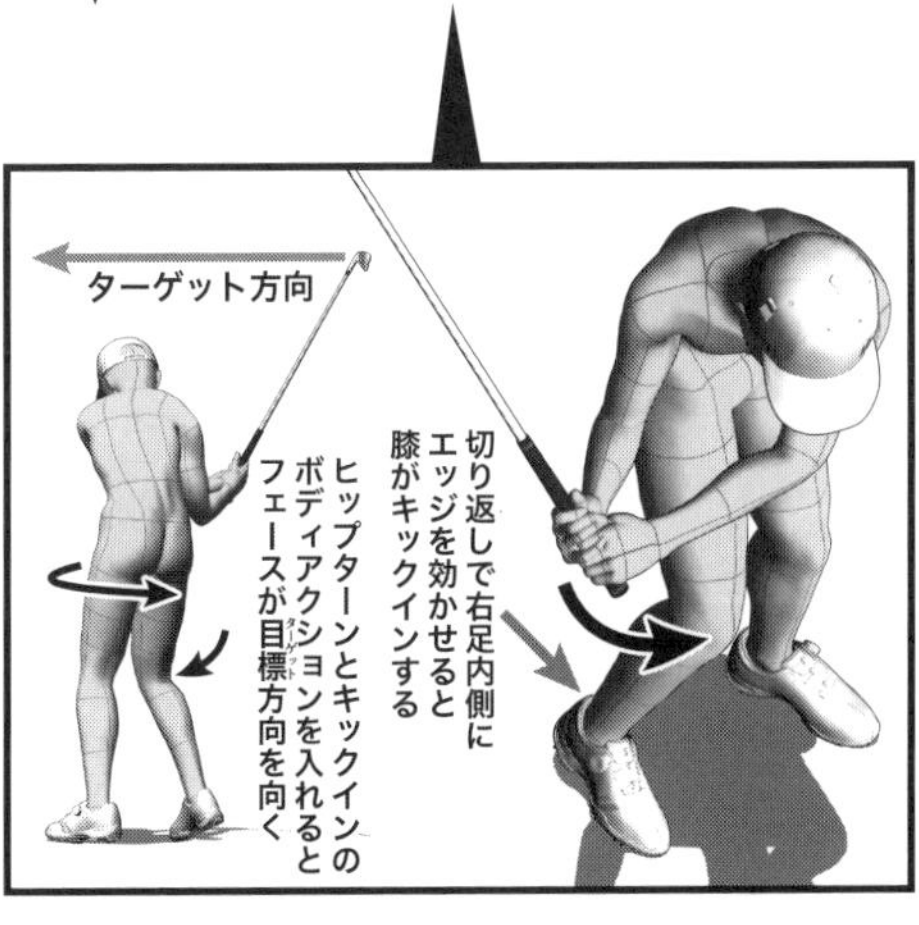
ターゲット方向
切り返しで右足内側に
エッジを効かせると
膝がキックインする
ヒップターンとキックインの
ボディアクションを入れると
フェースが目標《ターゲット》方向を向く

左腰ヒップターンと同時に、右膝を速く鋭くキックイン。切り返しでフェースは自然とターゲット方向に向きます。

Column 3

健康的に楽しくゴルフを続けるためにG1スイング！

老若男女を問わず楽しむことができるのが、ゴルフの魅力です。コロナ禍においても開放的なコースでプレーするため、感染の可能性が低いことも見逃せません。つまり、ゴルフは健康にいいスポーツなのです。ところが、無理なスイングを繰り返すことで、腰や膝を痛めるゴルファーが少なくありません。そんな矛盾をなくすためにも、身体に優しいスイング、すなわちG1スイング（＝欧米トッププロスイング）を習得しましょう。

第3章

欧米トッププロスイングと日本式スイングの違い

欧米トッププロスイングのディテール……グリップ、アドレス、テイクバック、ダウンスイング、インパクト、フィニッシュを抽出！　日本式スイングとの違いを、イラストで解説します。G1スイングの理論＆技術の理解にお役立てください。

スイングに干渉しないグリップとは!?

▼「ショートサムで柔らかく」が基本

日本式スイングでは爪が白くなるくらい強く握ると教わったかと思いますが、欧米トッププロスイングでは「ＭＡＸが10としたら、２くらいの力加減」で握ります。

そして、左手は親指の第一関節までがグリップに触れる「ショートサム」で握ります。

クラブのグリップを手のひらの頭脳線に沿って当て、中指と薬指を鉤《かぎ》状にしてしっかりと握ります（他の指はグリップに触れる程度）。

右手は左手に詰めて「オーバーラッピング」で握ります。このとき左手同様、中指と薬指でしっかりと握ることが大事。逆に親指と人差し指は……親指の第一関節と人差し指の第三関節の間で、グリップをできるだけ緩く握ります（こうすることで親指と人差し指が、スイング中のクラブの動きに干渉しなくなります）。欧米トッププロスイングのグリップについては、動画をよく見て習得しましょう。

動画はココ！

日本式スイングのグリップ

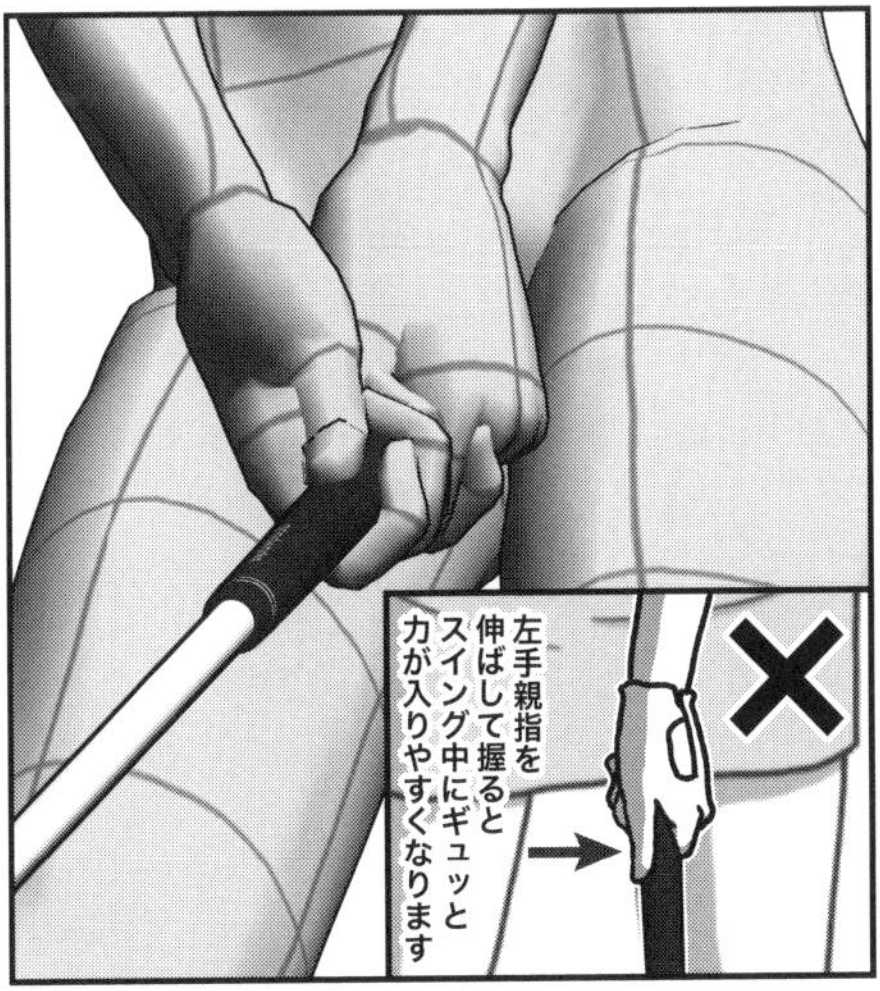
左手親指を伸ばして握るとスイング中にギュッと力が入りやすくなります

爪が白くなるくらい強く握ると、スイング中にクラブの動きを妨げてしまいます。また、ロングサムは親指と人差し指が、クラブの動きに干渉しがち。

欧米トッププロスイングのグリップ

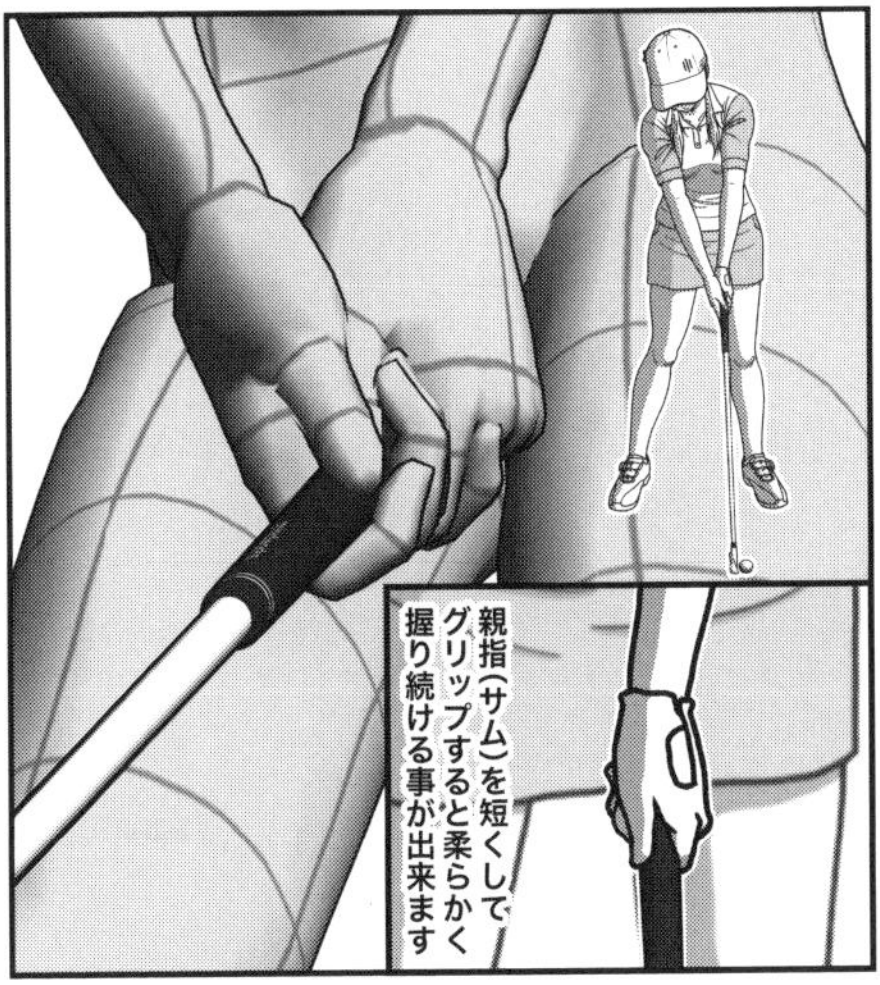
親指(サム)を短くしてグリップすると柔らかく握り続ける事が出来ます

力加減は“ドアノブを握ってカチャカチャ回す”感じ。ドアノブを軽く握ると、前腕と手首が連動して、スムーズに回せるのと同じです。

安定したアドレスが強い捻転を生む

▼「反り腰」か!?「受け腰」か!?

アドレスのポスチャー（姿勢）が非常に大切。日本式スイングではお尻を突き出して〝高い椅子に座る〟ような姿勢を教わりますが、これでは腰が反ってしまいます。腰背部が強くカーブしてしまう「反り腰」は、バックスイングの際に、身体の軸がブレる危険があります。**そこで、欧米トッププロスイングでは反り腰の逆、腰背部が丸くなる「受け腰」を推奨しています。**受け腰でスイングすると、身体の軸がとても安定するのです。

ボールの前に構えたら、おヘソの指3本下をゲンコツで強めに叩いてください。すると、その勢いでおヘソと恥骨が上がり、逆にお尻が下がることがわかります。これが受け腰です。その姿勢で両腕をダランと垂らすと、生理的現象で足の指がグッと開き、地面をバイト（強く掴む）する状態になります。これが腰背部と下腹部に腹圧がかかり強い捻転を生む、強固なアドレス姿勢です。

動画はココ!

日本式スイングのアドレス

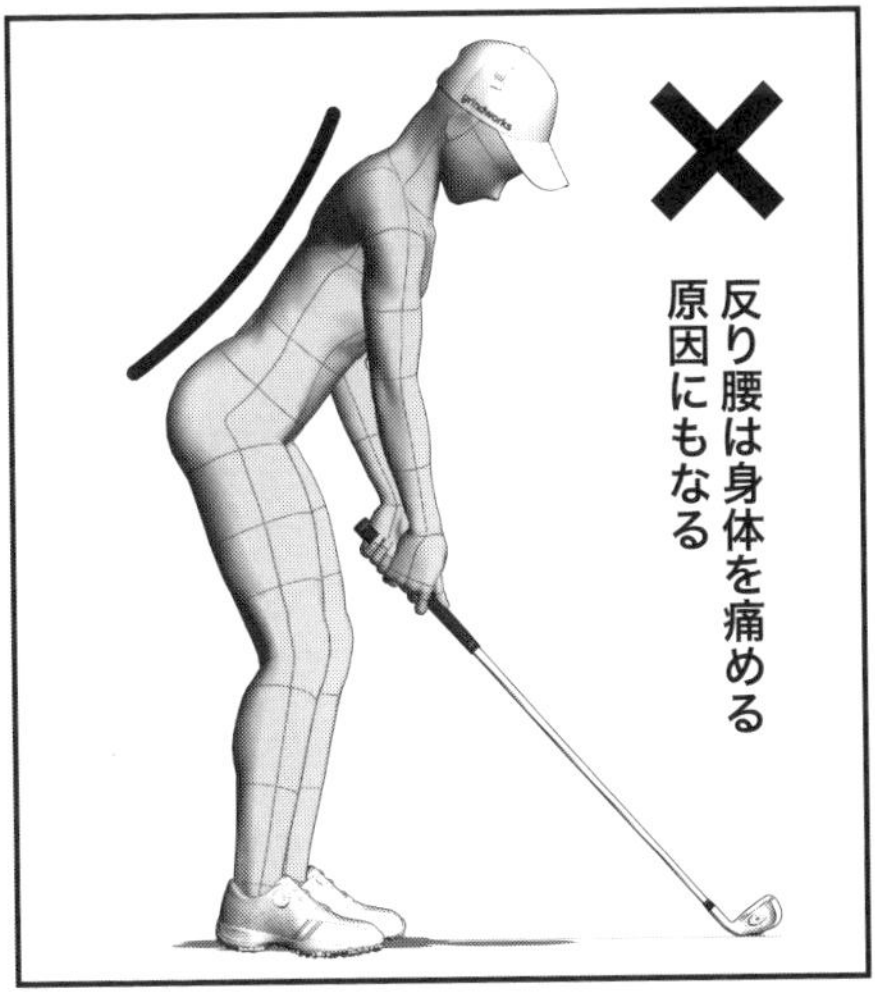
反り腰は身体を痛める
原因にもなる

日本のアマチュアゴルファーの多くは、腰背部が強く反ったアドレスをしています。これではバックスイング時に、身体の軸が乱れてしまいます。

欧米トッププロスイングのアドレス

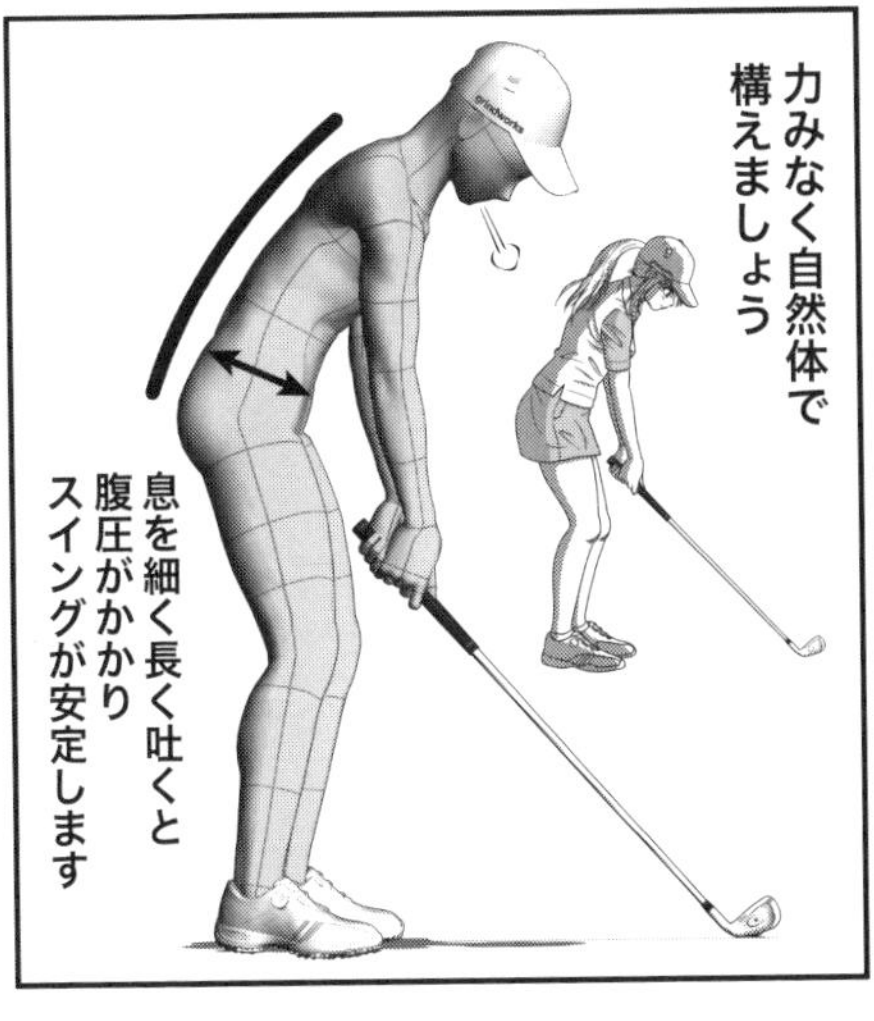
力みなく自然体で
構えましょう
息を細く長く吐くと
腹圧がかかり
スイングが安定します

日本式スイングとは逆に、腰背部が丸くなった受け腰でアドレスすると、スイングがとても安定します。受け腰でアドレスすることを覚えましょう。

「身体の近く」「巻き付く」がキーワード

▼クラブを身体に巻き付けて上げると回転力が向上

読者の皆さんは最初にテイクバックを教わったとき、「腕を後方へ伸ばし、クラブを遠く高く掲げて」トップの位置に持ってくると言われたことでしょう。しかも、トップの位置を厳密に決められたはずです。実は私も長い間、このようなテイクバックをしてきました。

しかし、欧米トッププロスイングでは、クラブ（右手）を身体のすぐ近くを通して、肩の位置に上げます。アドレスでクラブを構えたら右腕を橈骨を軸に回外させ、そのまま右肘を曲げます。すると、自然とクラブが右肩まで上がるので、そのままシャフトを右耳と右肩の間に倒れ込ませればいいのです（クラブが身体に巻き付くイメージが大事）。こうすればクラブに仕事をさせたことになり、トップの位置もオートマティックに決まります。

動画はココ!

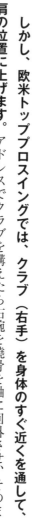

日本式スイングのテイクバック

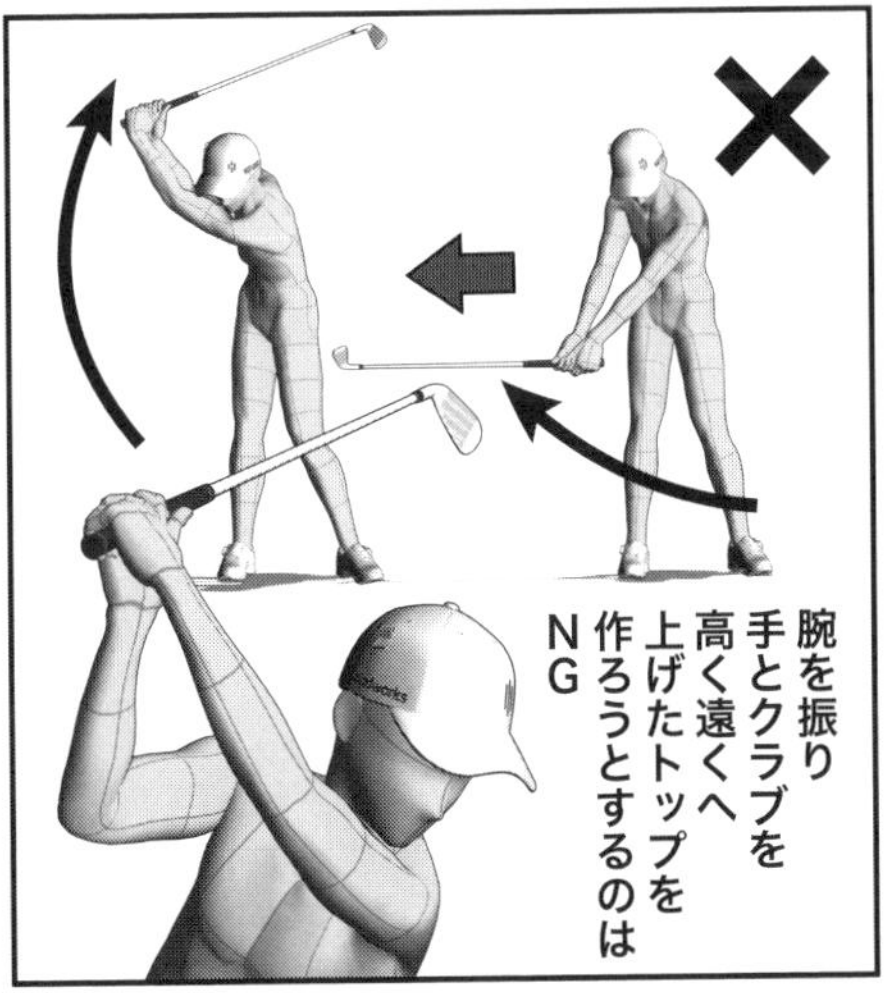
腕を振り
手とクラブを
高く遠くへ
上げたトップを
作ろうとするのは
NG

クラブを飛球線後方へ大きく遠く、しかも高く振り上げる日本式テイクバック。これでは身体の回転軸や、クラブの軌道がブレてしまいます。

欧米トッププロスイングのテイクバック

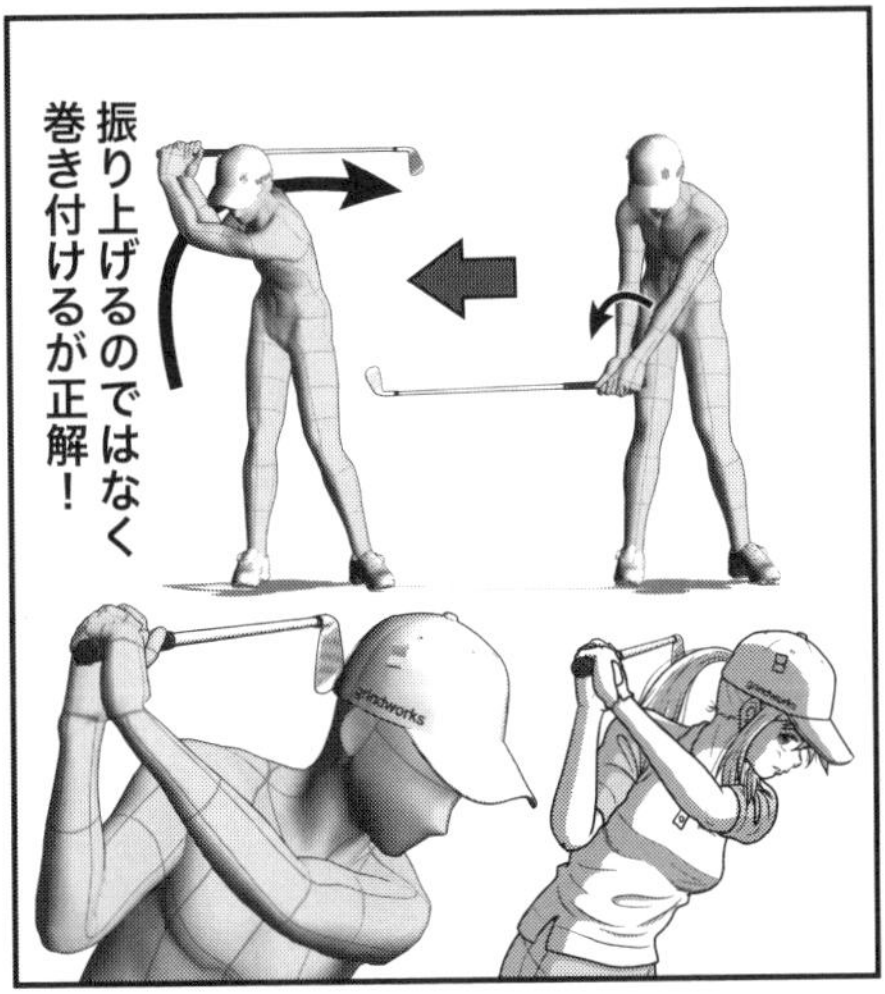
振り上げるのではなく
巻き付けるが正解！

右腕の橈骨を軸に回外させて、テイクバック始動。右肘を直角に曲げ、クラブを立てていくと、シャフトは自然と右耳と右肩の間に倒れ込みます。

クラブをボールに対して最短距離に！

▼「大きくキャスティング」するか!?「最短距離で下ろす」か!?

前ページのテイクバックと同様、日本式はダウンスイングも「クラブを大きく遠くへキャスティング」します。また、「頭を絶対に動かさない」というファクターも、日本式スイングの特徴と言えるでしょう。

しかし、欧米トッププロスイングでは決してキャスティングせず、クラブをボールに対して最短距離で下ろします。そのためにはトップの位置から上体を側屈させ、右脇を締めて右肘がみぞおちの右横に当たるようにして、クラブを下ろしてきます。それとともに上体は、ググッと沈み込んでいきます。

ボールに対してクラブを「最短距離で持っていくか」、「遠く大回りして持っていくか」……どちらがミスが少ないかがおわかりでしょう。だから欧米トッププロスイングはミート率が高く、「再現性の高い」スイングと言えるのです。

動画はココ！

日本式スイングのダウンスイング

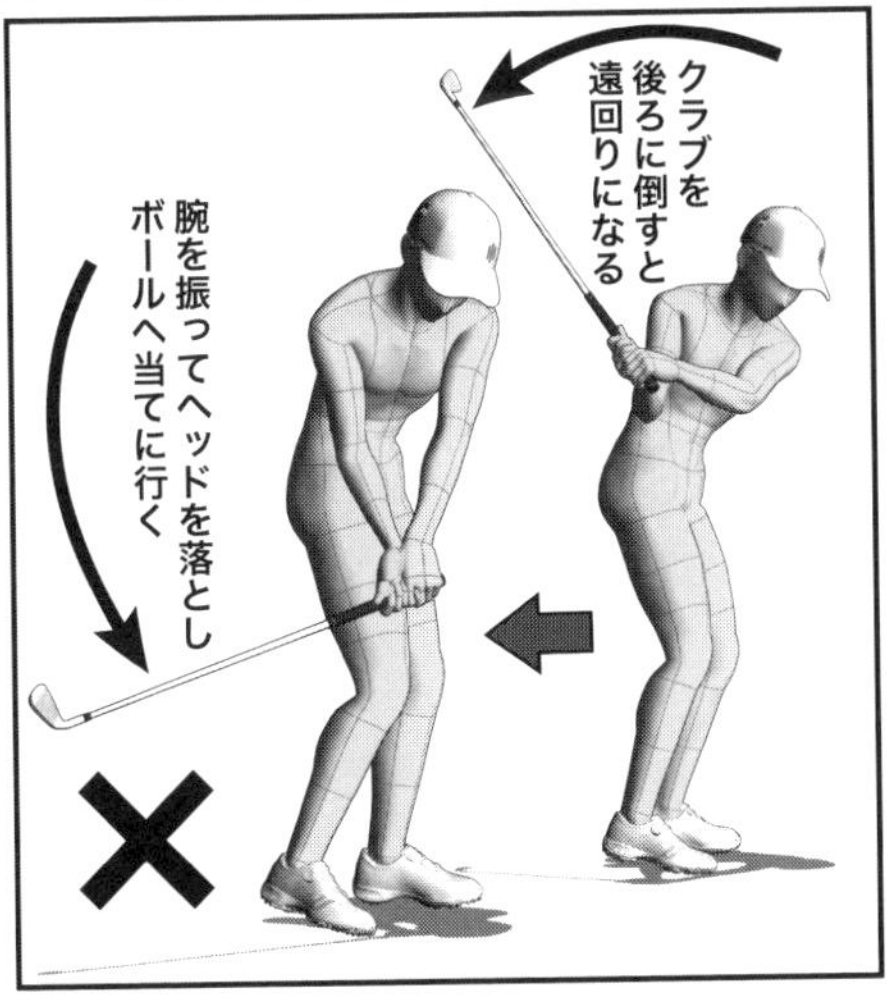
クラブを後ろに倒すと遠回りになる
腕を振ってヘッドを落としボールへ当てに行く

頭を動かさず、クラブを飛球線後方へ遠く大きく振る日本式のダウンスイング。身体から（ボールから）離れているぶん、ミスショットが多くなります。

欧米トッププロスイングのダウンスイング

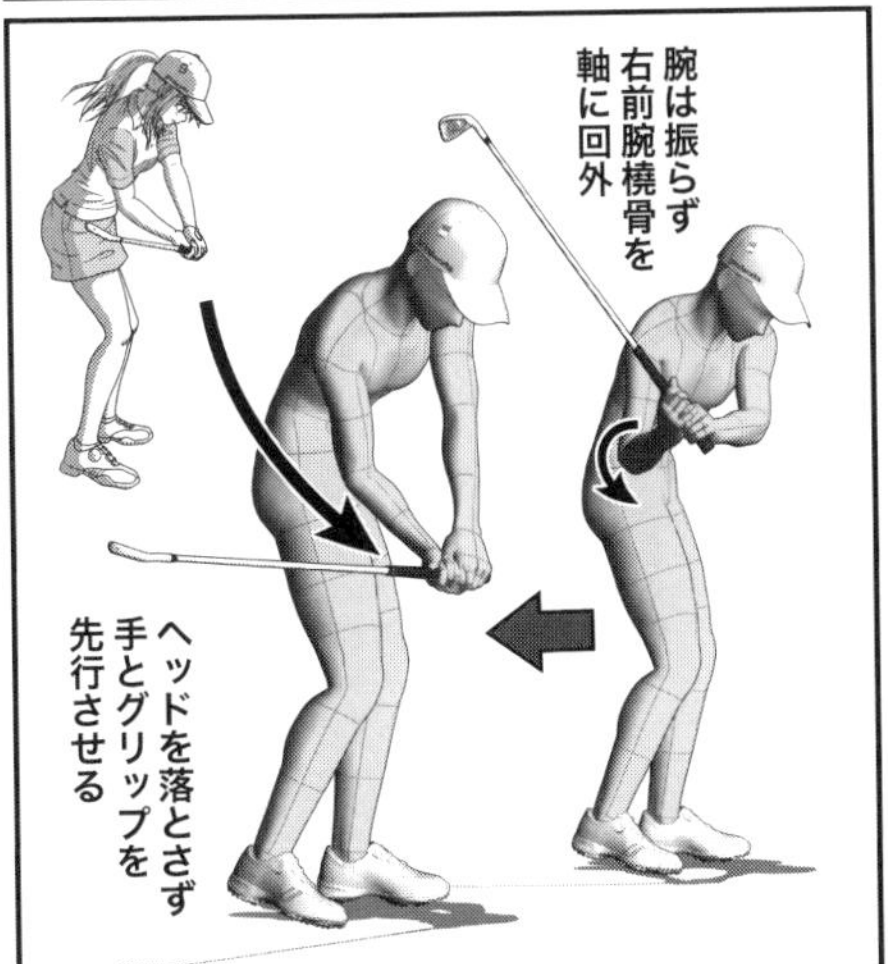
腕は振らず右前腕橈骨を軸に回外
ヘッドを落とさず手とグリップを先行させる

クラブは決して振り下ろすのではありません。身体に巻き付きながら、クラブの重みで自然と下りてくるイメージが大事です。

レイトヒットの感覚でスイング

▼「手首を返さない」が大事！

初めに言っておくと、欧米トッププロスイング（G1スイング）のメソッドには、「インパクト」という概念はありません。丸く小さいクラブの軌道上にたまたまボールがあり、そこをクラブのフェースが通過する……というイメージです。が、ここでは日本式スイングとの比較のため、敢えて「インパクト」について説明しましょう。

日本人はとかくボールを見るとすぐに振り下ろしたくなるため、身体の正面で腕をビュ～ンと振って手首を返してヘッドを走らせてボールを打ちます。

欧米トッププロスイングでは、クラブが腰の高さまで下りてきて裏面ゾーン～スイングレフトに入っても、まだハンドファーストをキープしたまま（レイトヒットの感覚でスイングすることが大事）。そのままグリップが左腰に回り込んでくると、自然とフェースがターゲット方向を向いてボールを捉えるのです。

動画はココ！

日本式スイングのインパクト

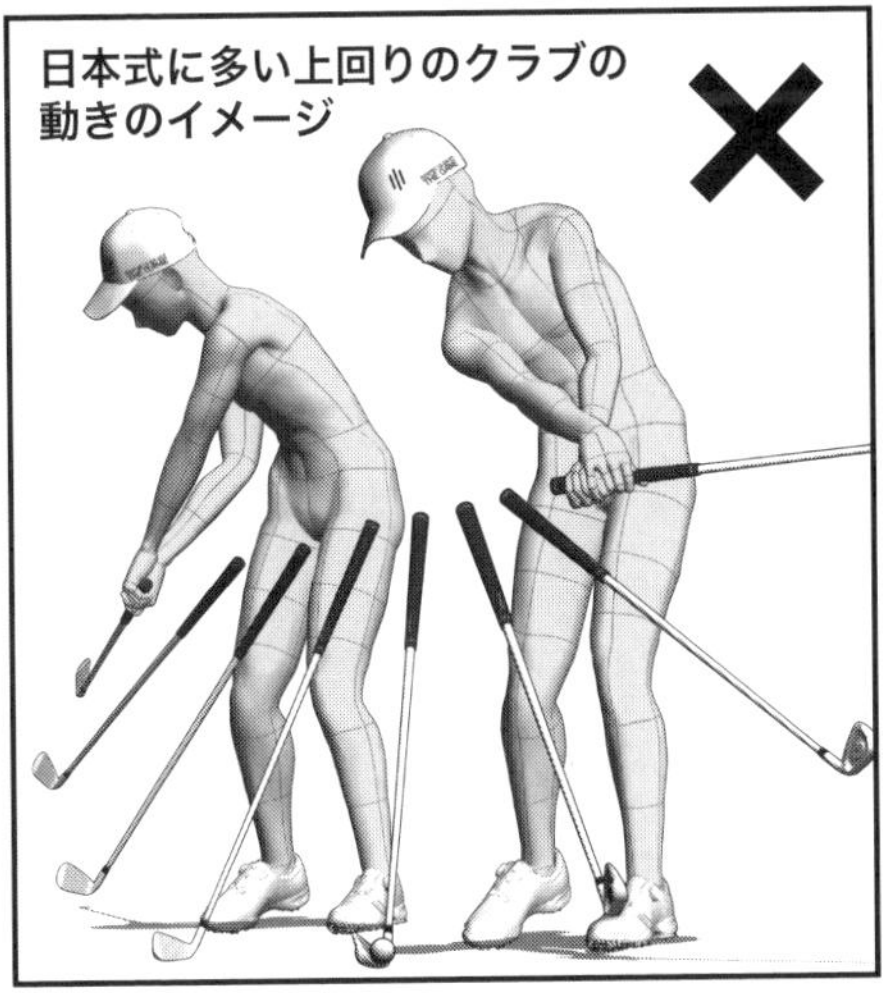
日本式に多い上回りのクラブの
動きのイメージ
×

頭を残し、身体の回転を止めて、強く鋭く手首を返す日本式スイング。手首を返すことで、ミート率が下がってしまいます。

欧米トッププロスイングのインパクト

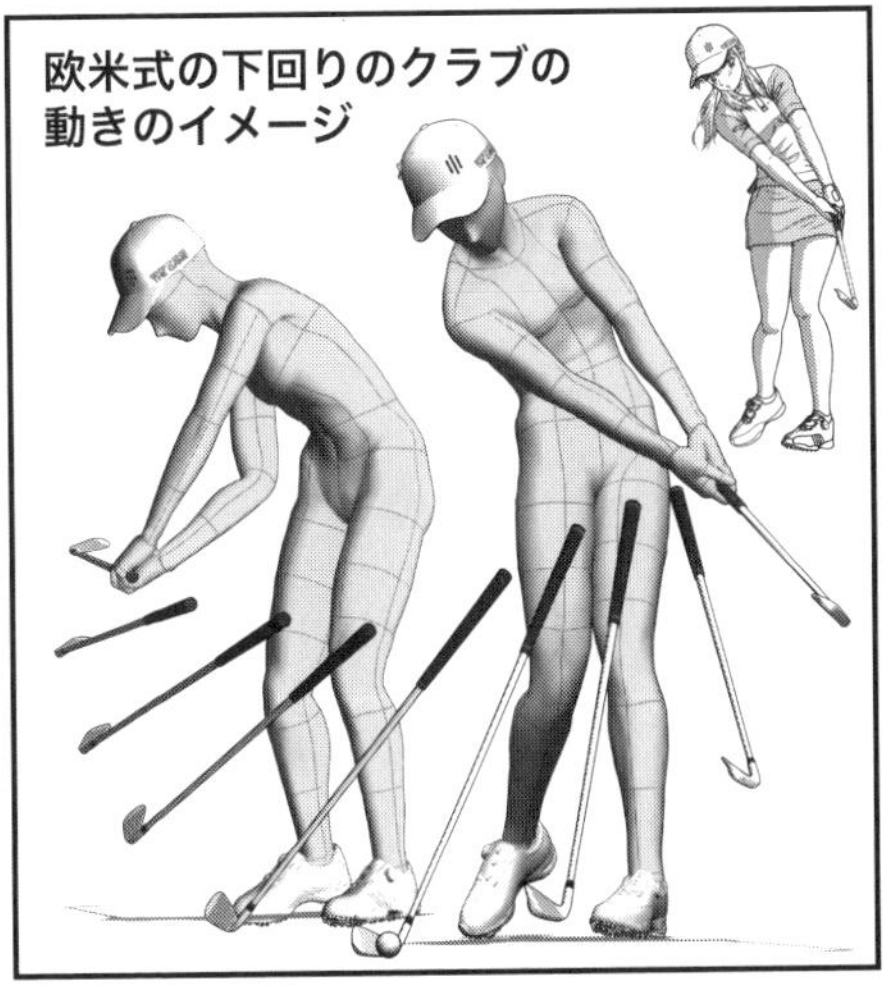
欧米式の下回りのクラブの
動きのイメージ

身体の回転によって、自然とフェースがターゲットに向く（ボールに対してスクエアになる）ので、ミート率がアップします。

クラブに仕事をさせてフィニッシュへ！

▼クラブの浮力と慣性で自然とフィニッシュへ！

フィニッシュを特に意識しないのが、欧米トッププロスイングの特徴です。**なぜなら、裏面ゾーン～スイングレフトでグリップを左腰へ直角に回り込ませ、フォローでスイングを大きく加速させると、クラブは自身の回転力が生み出す浮力と慣性の力によって、自然と身体に巻き付きながらフィニッシュに向かうからです。**クラブが背中側に入れ替わり、左肘を支点にシャフトが立ちます。クラブのシャフトが首に巻き付くイメージを意識し、左手の手のひらと右手の甲がターゲット方向へ向きフィニッシュです。

腕を伸ばして大きく振りながらフィニッシュの形に持っていく日本式スイングとは、大きな違いがあると言えます。また、欧米トッププロスイングのフィニッシュは脇も肘もピタッと締まった姿勢を、ボールが落下するまでキープする筋力が必要であることも、特徴のひとつと言えます。

動画はココ！

日本式スイングのフィニッシュ

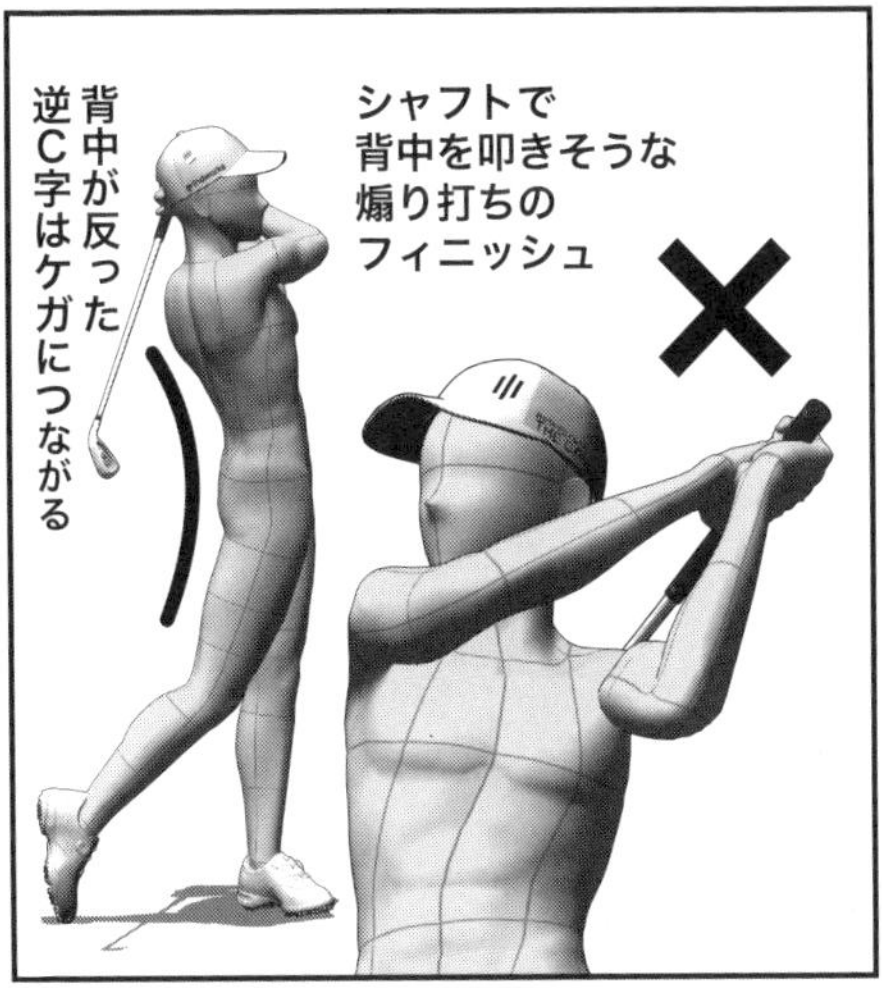
背中が反った
逆C字はケガにつながる
シャフトで
背中を叩きそうな
煽り打ちの
フィニッシュ

日本式スイングでは、フィニッシュ時にクラブのシャフトが背中の中心を叩きます。欧米トッププロスイングでは、首に巻き付く感じです。

欧米トッププロスイングのフィニッシュ

真っ直ぐに立った
インバランスフィニッシュ
両目の後ろに
シャフトが
来るのが理想

フィニッシュではグリップが左耳の横にきます。左腕の前腕は地面と直角。左手は招き猫の左手のようになります。

Column 4

G1スイングをサポートする こだわりのイラストレーター

この本の中で、スイング理論と技術の解説にとても効果的なのが、Yuichi・Kさんのイラストです。彼は2011年くらいからレッスンに来ていて、今ではスイングのことを的確に理解しています。そして、身体の動きやクラブの角度などをしっかりとイラストで再現しているのが凄い！　そのイラストを満載したこの本を読んで、欧米トッププロスイングを習得してください。

第4章

超図解・G1スイング

欧米トッププロスイング＝G1スイングを、セットアップからフォローまで、スイングの流れで解説。画像はもちろん、詳しいイラストが理論＆技術の習得に役立ちます。また、スマートフォンをQRコードにかざして動画を見れば、さらに理解が深まります。

【テーマ1】セットアップ編 グリップ：左手①

▼握るよりも〝包む〟感覚

ドアノブを掴んでカチャカチャ回すと、前腕も一緒に回転。それぐらいのソフトグリップが理想です。**また、手でリンゴやミカンをまんなかから2つに割るように「巻き込む」感じで両手を下からあてがい、最後に親指と拇指球で上から軽く包み込むように持つのがベストです。**このような力が抜けたグリップでクラブを握り、両肩が首からストンと落ちた撫で肩のままスイングするのが理想。腕が脱力して肩甲骨を背骨に軽く引き寄せた状態が作れると、脇の後ろ側が締まって両肘の内側が正面を向きます。すると手の位置が低くなって、腕と身体のコネクションが高まります。

左右の手はできるだけ詰めて握ります。欧米の表現では手の間にできる隙間をギャップといいますが、ギャップを埋めるように詰めて握ります。そのためには左手親指は長く握るロングサムではなく親指を短くするショートサムで握ります。

動画はココ！

欧米トッププロスイングのグリップ（左手）

左右の手はできるだけ詰めて握ります。そのためには左手親指をショートサムが適しています。さらに強さはクラブを支える程度の力加減でOK。

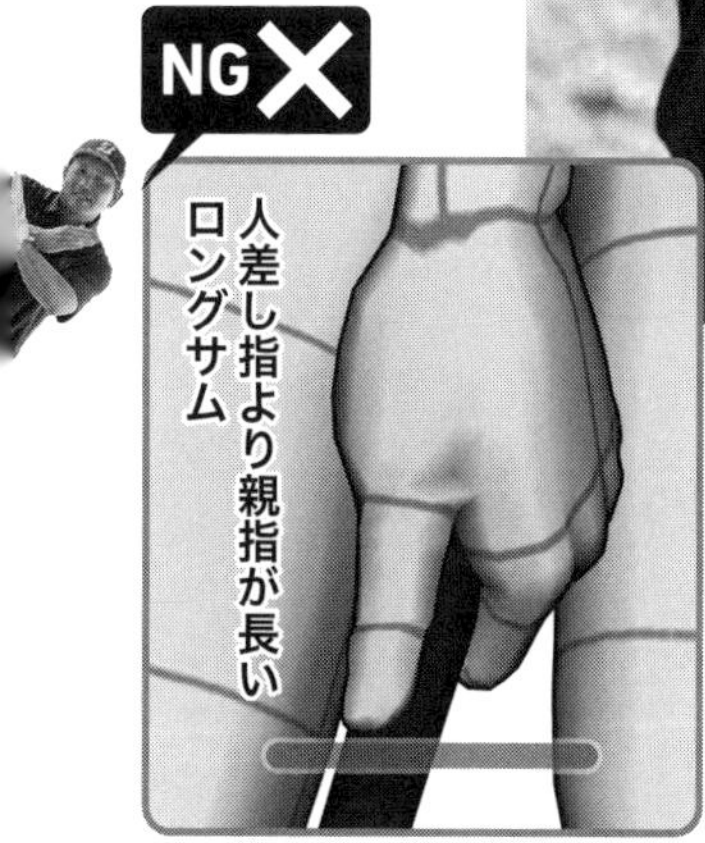
NG ✕
人差し指より親指が長い
ロングサム

左手親指を伸ばして握るロングサムという握り方だと、指と指の間に隙間ができやすくなります。

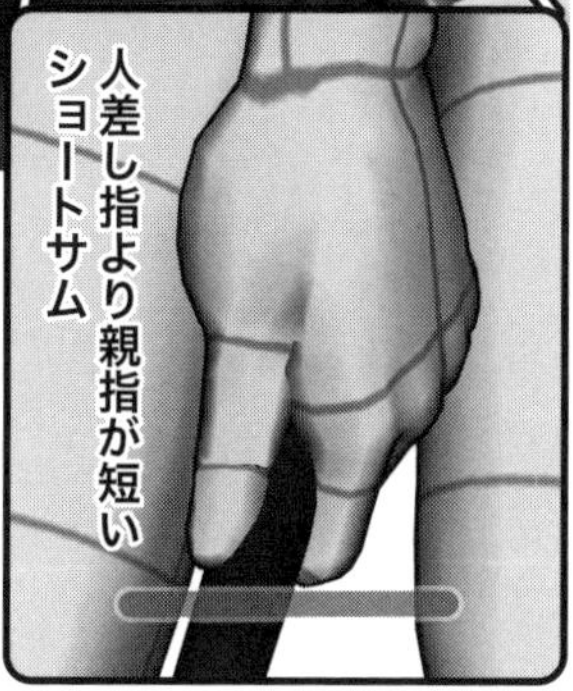
人差し指より親指が短い
ショートサム

左手親指を短く握るショートサムにすることで、左右の手を詰めて握れるので隙間がなくなります。

【テーマ1】セットアップ編 グリップ：左手②

▼左手の握り方を解説

グリップを握る際に重要なのは、〝しっかり握るべき〟ところと〝弛緩すべき〟ところを把握して握るということです。**まず左手ですが親指をシャフトの真上に当てて、親指と人差し指でグリップをつまむように握ります。**これでショートサムは完成。昔はロングサムで握っているプロも確かに多かったのですが、最近は特に欧米ではショートサムがスタンダードになっています。

次に左手のひらの頭脳線に沿ってグリップをあてがい、小指の下方にある膨らみ部分（小指球）に乗せる感じで握ります。左手親指と人差し指でつまんだ部分と手のひらの小指球で、テコの原理で引っ掛けるようにするのが重要。このとき左手親指、人差し指、小指は触る程度で、中指と薬指は鉤《かぎ》状にしてクラブを引っ掛ける感じで握ります。昔は「爪が白くなるほど強く」と言われましたが、G1スイングでは必要ありません。

動画はココ！

ショートサムの握り方のコツ

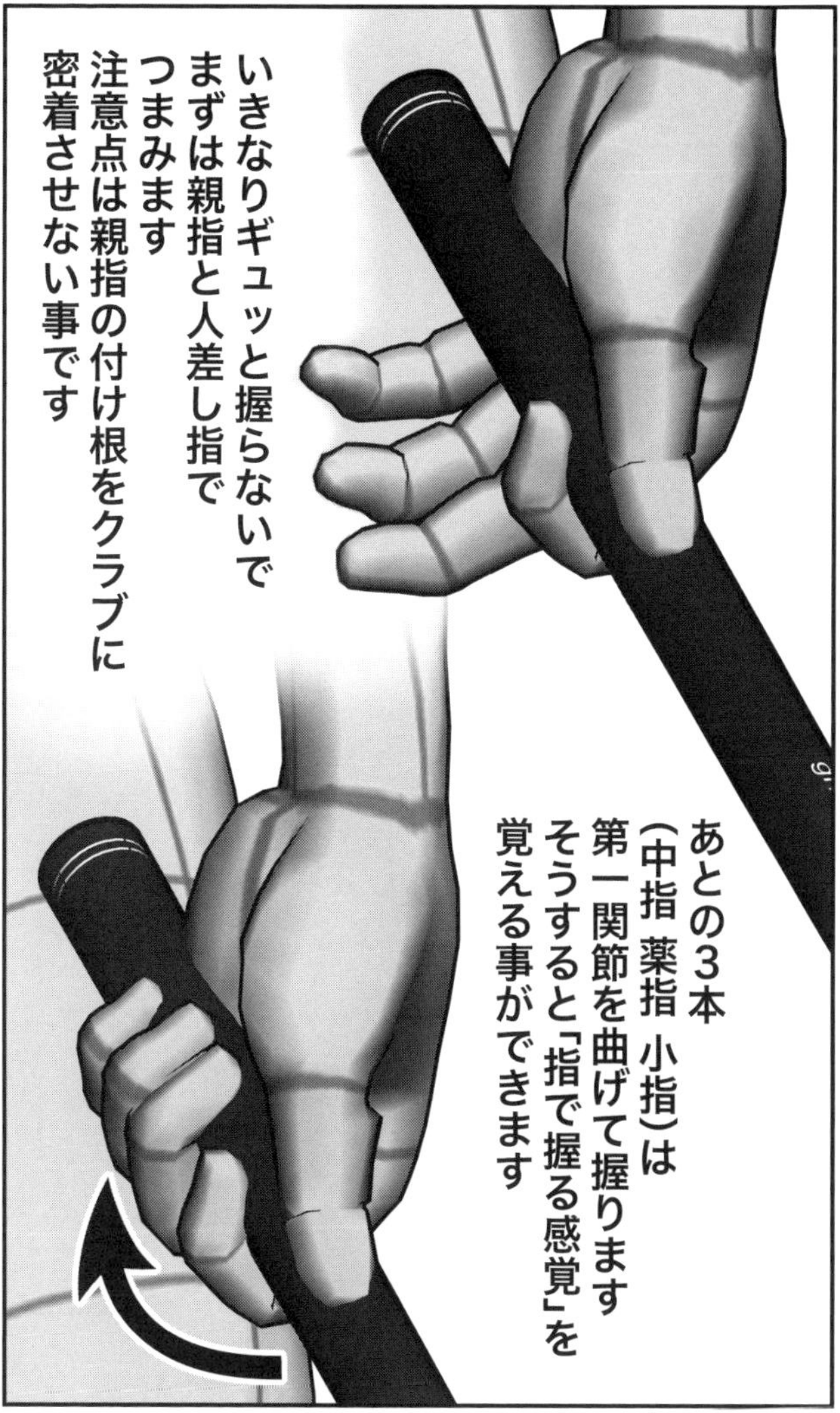
いきなりギュッと握らないで
まずは親指と人差し指で
つまみます
注意点は親指の付け根をクラブに
密着させない事です
あとの3本
(中指 薬指 小指)は
第一関節を曲げて握ります
そうすると「指で握る感覚」を
覚える事ができます

【テーマ1】セットアップ編 グリップ：右手①

▼親指と人差し指を緩めておく

右手に関してはインターロッキングやテンフィンガーなどがありますが、G1スイングでは右手小指を左手の人差し指と中指の間に乗せるオーバーラッピングで握ります。ジャック・ニクラスやタイガー・ウッズはインターロッキングでしたが、彼らは左利きなのです。右利きの方にはオーバーラッピングを勧めます。

握り方のポイントは、中指と薬指でグリップに引っ掛けるようにすること。**以前は親指と人差し指を強く締めて握る考え方もありましたが、そうするとこの2本の指がスイング中に〝悪さ〟をする（スイングに干渉する）ため、今はできるだけ緩めて握ります。**イメージ的には人差し指の第三関節と親指の第一関節の間で、グリップを挟む感じです。かなり指の根本で持っている感覚があるかもしれませんが、この〝緩さ〟がダウンスイング中にリストターンしてフェースがかぶる動きを防ぐことになります。

動画はココ!

欧米トッププロスイングのグリップ（右手）

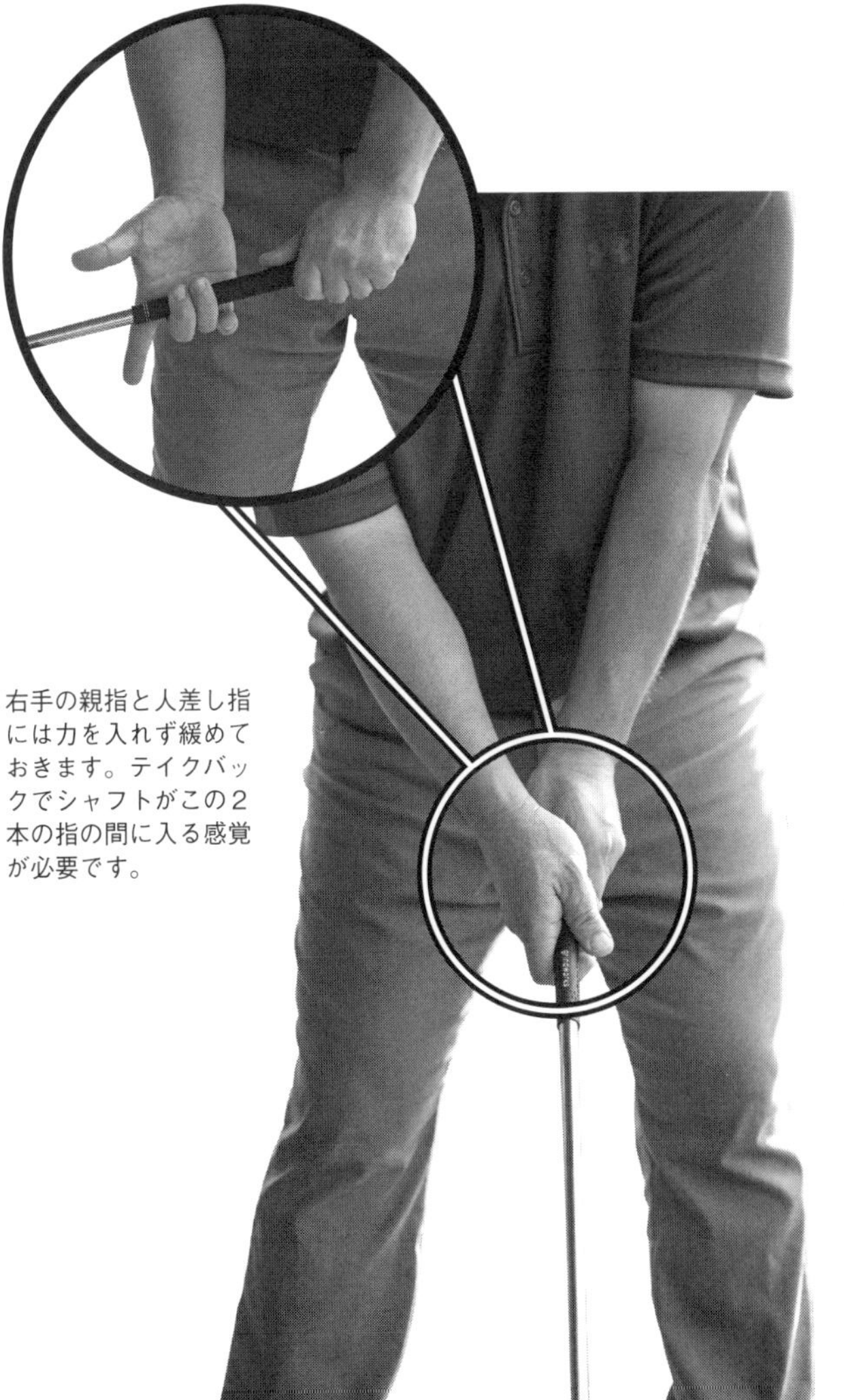

右手の親指と人差し指には力を入れず緩めておきます。テイクバックでシャフトがこの2本の指の間に入る感覚が必要です。

【テーマ1】セットアップ編 グリップ：右手②

▼右手の握り方を解説

右手の親指はシャフトの真上に乗せないことです。斜めに横切るように握ります。右手に関してはかなりゆるゆるに感じると思いますが、この握り方にしておくとテイクバックでクラブが右手人差し指と親指の間にグッと入ってきます。この入った感覚でスイングすることがキーポイントになります。

グリップで大事なことはクラブの遠心力を感じられる握り方をすることと、もう一つアドレスしたときの手首の角度を確保する役割があります。**手首の角度をキープさせつつ遠心力を感じるために、しっかり握る指と緩めておくべき指があることをしっかり理解しておいてください。**ギュッときつく握らないと言いましたが、説明した握り方でグリップをすると意外としっかり握れている感覚があると思います。グリップは身体とクラブを結ぶ唯一の接点ということを、よく頭に入れておいてください。

動画はココ!

右手も左手も柔らかく握るのがポイント

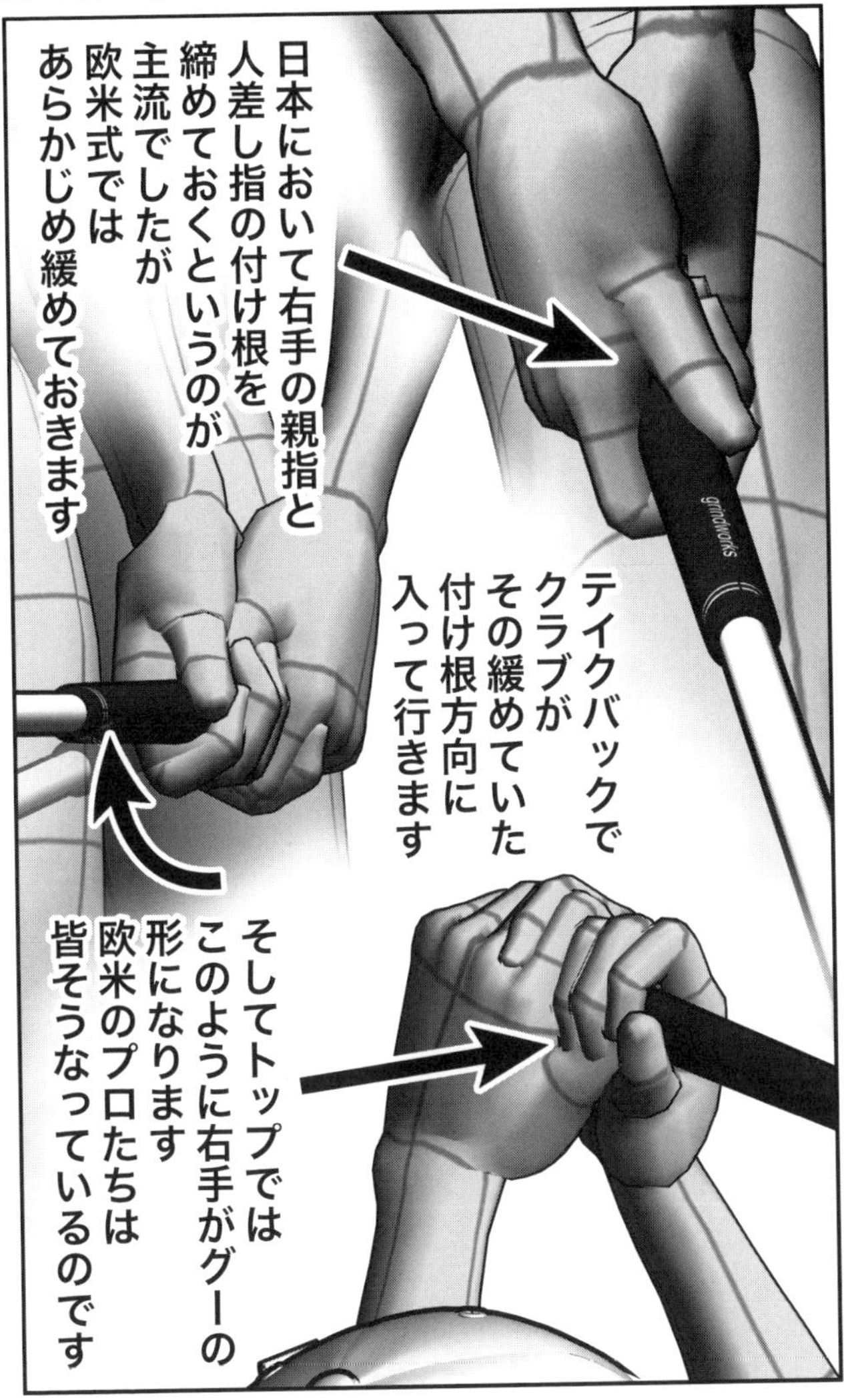
日本において右手の親指と
人差し指の付け根を
締めておくというのが
主流でしたが
欧米式では
あらかじめ緩めておきます
テイクバックで
クラブが
その緩めていた
付け根方向に
入って行きます
そしてトップでは
このように右手がグーの
形になります
欧米のプロたちは
皆そうなっているのです

【テーマ1】セットアップ編 脇の締め方

▼脇の「後ろ側」を締めるイメージ

セットアップでまず重要になるのが、脇を締めることです。脇を締めることで、クラブが常に身体の正面にある状態をキープさせることができます。

グリップの握り方を説明した際に中指と薬指を鉤状にするという表現を使いましたが、これは脇を締めることにも通じます。この2本の指は腕の尺骨という骨と繋がっているため、2本の指を鉤状にすることで脇が自然に締まってくれます。中指と薬指を緩めて握ってしまうと、掌屈した状態で手が内側に丸く折れた形になります。すると脇は開きやすい状態になってしまいます。グリップを正しく握ったうえで、脇を締めるポイントとしては腕を身体の真横から前上に回すように動かし、身体の正面側からクラブを下ろします。あるいはグリップを握る前に、「両手のひらで洗面器の水を掬う」所作をすると、ごく自然に両脇が締まります。

動画はココ！

アドレス前の脇の締め方のコツ

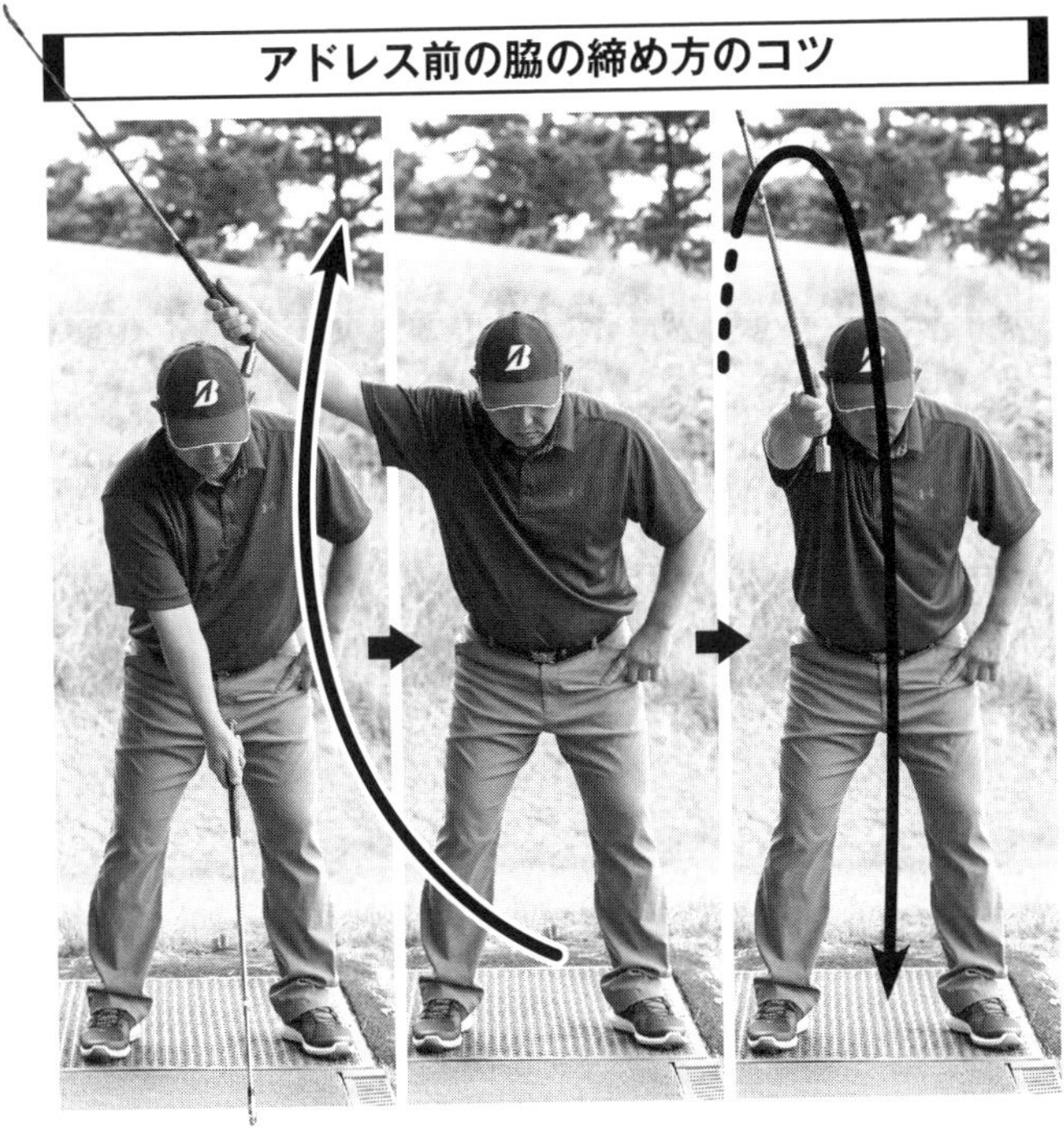

身体の真横から腕をくっ付ける締め方では不十分。腕を外側から上に回し、腕を胸の正面から下ろすことで自然に締まった状態を作ります。

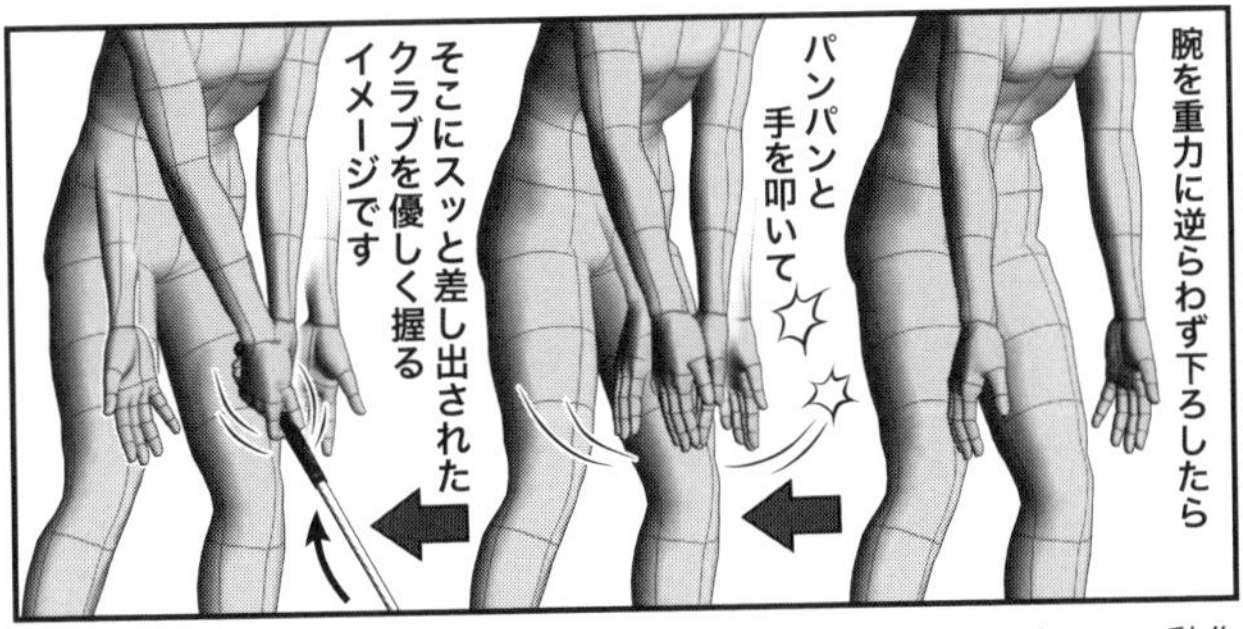
腕を重力に逆らわず下ろしたら
パンパンと
手を叩いて
そこにスッと差し出された
クラブを優しく握る
イメージです

もうひとつの脇の締め方のコツ。実際のプレー中、アドレス時にこの動作を行ってからクラブを握るといいでしょう。

【テーマ1】セットアップ編 アライメント

▼打球の精度は打つ前に決まる!

ターゲットに対していかに正確に身体の向きを合わせるかが、セットアップでは重要な項目になります。**これをアライメントと呼びますが、ポイントとしては両肩、腰、両膝のラインがボールとターゲットを結んだラインと平行になることです。**ただ、多くの人は右を無意識に向いてしまう傾向があります。これは利き目が関係していると考えられています。

まずボールの後方からターゲットを見定め、ターゲットラインよりも左側から回り込むようにしてアドレスに入ります。ボールに対して直線的に入ると、右を向きやすくなるので注意しましょう。あとは右足を半歩前に出してまず右足の位置を決めてから、右足に体重をかけながら股関節から前傾させます。次にクラブをストンとボールの手前に落とし、フェース面を目標と垂直に合わせて左足をセットすれば完成です。

動画はココ!

打球の精度を決めるアライメント

クラブを胸の前に垂直に立てて持つことを、クレイダルポジションと呼びます。どんなショットもこのポジションからアドレスに入ることで、正確なアドレスを作るためのルーティンが完成。ボールに対して左から回り込むようにして入る際にも、このポジションをキープさせたまま入るのがポイントです。※詳しくは動画を見てください。

ボールに対してクラブをセットする際にはまず右足を半歩前に出し、右足に体重をかけます。次に右股関節から約30度前傾させるイメージで、上体を倒してからヘッドをボールの後ろ側に落としてセット。フェースがターゲットとスクエアになっていることを確認し、左足の位置を決定。動画を見ながら、反復してください。

【テーマ2】バックスイング編 ワッグル①

▼ワッグルはスイングの予備動作

ワッグルはスムーズなバックスイングに繋げるための重要な項目になります。ワッグルのやり方は腕全体を使って行う方法もありますが、欧米トッププロスイング（G1スイング）では両手首を柔らかくリラックスさせた状態でクラブを持ち、グリップエンドをターゲット方向に少し倒します。するとテコの原理でヘッドは上に持ち上がります。**G1スイングでは常に身体のどこかが動き続けていて、動作が止まることは一度もありません。**ゴルフは静から動の動きが難しい部分だと言われますが、だからこそ動き続ければいいのです。ワッグルはそのための動作です。

私の場合はワッグルを1回〜2回行った後にヘッドをストンと地面に落としたら、すぐにテイクバックに入ります。〝静から動〟というよりは〝動から動〟のイメージです。自分なりのパターン（速さやタイミング）を作るといいでしょう。

動画はココ！

スイング動作に欠かせないワッグル

スムーズなテイクバックに繋げるために、ワッグルは必須。身体をリラックスさせた状態で、常に動き続けていることが重要。

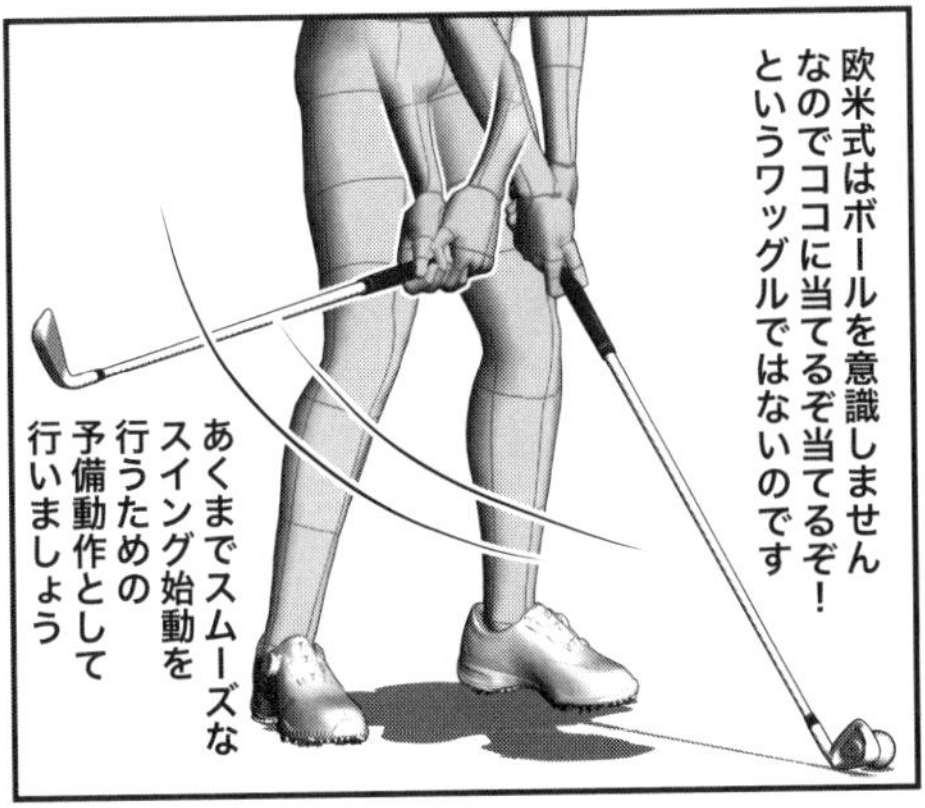

欧米式はボールを意識しません
なのでココに当てるぞ当てるぞ！
というワッグルではないのです
あくまでスムーズなスイング始動を行うための予備動作として行いましょう

日本式スイングはボールを強く意識するため、「ボールにクラブを当てるため」のワッグルになってしまいます。欧米トッププロスイングのワッグルは、バックスイングの予備動作なのです。

NG

【テーマ2】バックスイング編 ワッグル②

▼始動に欠かせないワッグルとタッピング

日本人の多くは〝静から動〟のバックスイングを行っています。これこそがスムーズな切り返しができない大きな要因です。**重要なことは〝動から動〟のバックスイングを身に付けることで、そのためにワッグルは重要なパートになります。**

ポイントは全身を使うこと。まず、両足の踵を地面に着けた状態で足踏みをします。これを「タッピング」といいます。このタッピングを行う際、両肩と腰の両端を結んだ四角形を意識しながら揺らすことが大事です。右足に体重が乗ったときはクラブが左に動き、左足に体重が乗ったときはクラブが右に動くのがわかると思います。ちょうどヤジロベーのような動きです。この動きによって、バックスイングは左軸、ダウンスイングは右軸だということがわかるはずです。ワッグルという小さなスイングを行うことで、スムーズな指導を可能にしていることを、しっかりと頭に入れておいてください。

適切に体重配分を行うコツ

足踏みをする感じで左右の足に体重を乗せ替えすと、クラブが勝手に動くことを体感してください。両肩と腰の両端を結んだ四角形を意識しながら、体全体を使うことが大事です。

タッピングを行うとクラブが受動的に動くのがわかります。左足に体重が乗るときに右肩を引く……これが軸回転の準備動作になります。

【テーマ2】バックスイング編 テイクバックへの始動①

動画はココ！

▼クラブを身体に巻き付けるように上げる

Ｇ１スイングでは従来ロングテイクアウェーといって、ノーコックで身体と一体化させてクラブを上げていました。これはアスリートや柔軟性の高い女性には効果的ですが、今回紹介するパワーアップバージョンはシルバー世代など身体が硬くなった方でも実践できるバックスイングです。ポイントとなるのは腕の橈骨です。**右腕の橈骨を軸に回外させると上腕も連動して緩く外旋し、自然と脇が締まります。**右手のひらが腰の高さで上を向くような動きになります。グリップの握り方のパートで少し触れましたが、このときに右親指と人差し指の間にクラブが入ってくる形になります。このときフェースは真上を向いているはずです。トゥが上を向いているのは回外できていない証拠です。

これは身体を主体にしたクラブを上げる方法で、コックを入れることで理想的なトップの位置を作りやすくなります。

「右腕橈骨を軸に回外→腕を上げる」イメージ

アドレスからワッグルを１～２回入れて、その流れでコックを積極的に入れて右前腕を回外させます。

右腕の橈骨を意識！

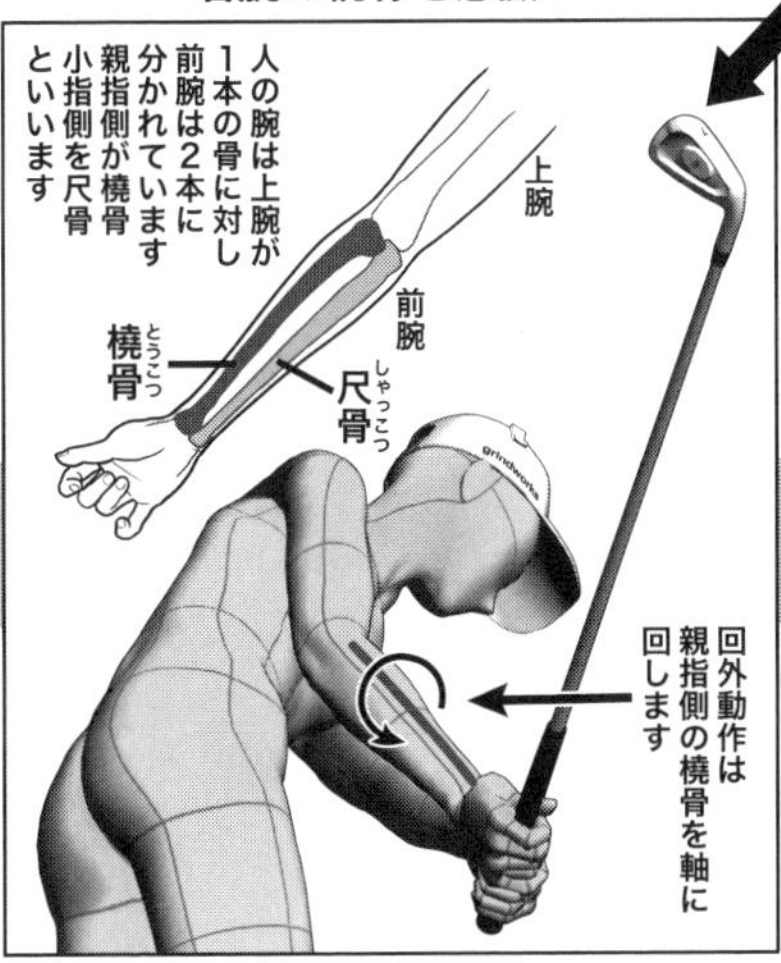
人の腕は上腕が1本の骨に対し前腕は2本に分かれています親指側が橈骨小指側を尺骨といいます
上腕
前腕
橈骨《とうこつ》
尺骨《しゃっこつ》
回外動作は親指側の橈骨を軸に回します

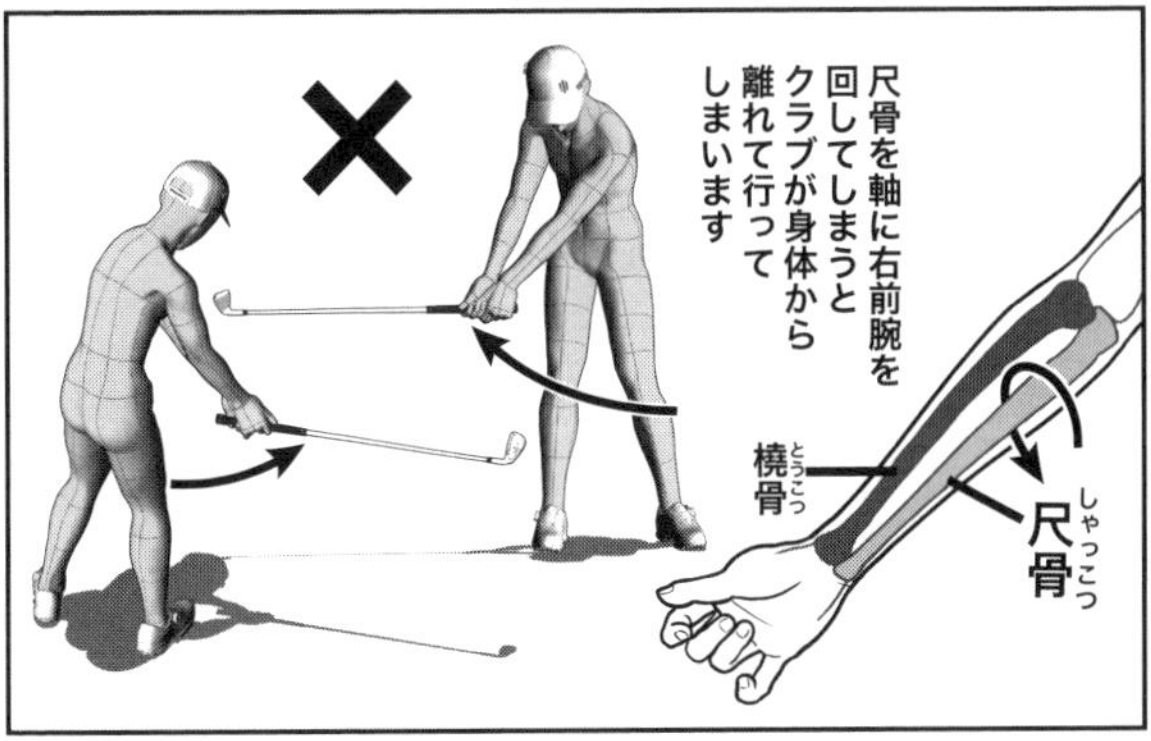
尺骨を軸に右前腕を回してしまうとクラブが身体から離れて行ってしまいます
橈骨《とうこつ》
尺骨《しゃっこつ》

【テーマ2】バックスイング編 テイクバックへの始動②

▼両手首の〝折れ〟が重要

始動でスムーズにクラブを上げることができたら、次はトップまでの動かし方です。**腰の高さでフェースが上を向いている状態が作れたら、そこからシャフトを倒れ込ませるようにトップ位置まで持っていきます。**腕を引き上げる感じではなく背中側（右耳と右肩の間）に倒れ込ませるのがポイントです。

右手はいわゆる〝出前持ち〟のような形ではなく、掌屈させた状態で手のひら側に折れた形。小皿を右手のひら全体で掴んだままトップまで持っていく感じ（または鉄棒にぶら下がったときの角度）でイメージすると、右手首の動きが良くなります。

左手は左手親指がトップでシャフトの下側に潜り込むような形になり、手首は甲側に折れた状態になります。今まで以上にトップでフェースをスクエアに上げやすくなったのが、このパワーアップバージョンの始動です。

動画はココ！

テイクバック時の両手の動き

腰の高さからシャフトを倒れ込ませるようにトップまで持っていきます。右手は手のひら側、左手は甲側に手首が折れます。

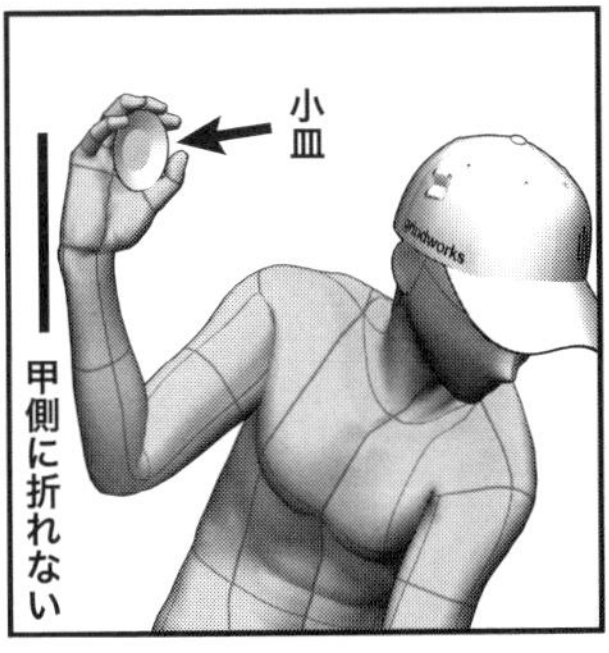

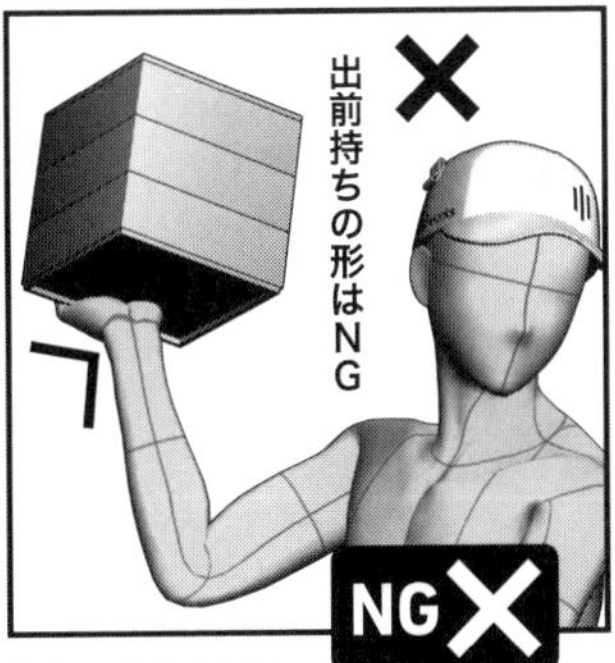

トップで右手がいわゆるそば屋の出前持ちのような形になるのは日本式のトップ。右手で小皿を掴むイメージをして、甲側に折れないように意識します。

【テーマ2】バックスイング編 テイクバックへの始動③

▼テイクバックに重要なワーキングトゥギャザー

テイクバックの際に重要な感覚があります。それは上半身とクラブの関係をアドレスから変えずに、キープしたまま体幹だけを捻る感覚です。**手元が自分の右腰の横の位置（右隣の人と握手している感覚）にくるまでグリップエンドと身体の距離を変えずに、両肘が両腰を指したまま一緒に右に回転します。**この腕と体幹が同調して右に回転する動き（アドレス時の両肘を結ぶラインが、バックスイングと同時に直角に入るイメージ）を、両肘と両腰の「ワーキングトゥギャザー」と呼びます。

これができるとテイクバックの際に、手元を自分の身体のかなり近くを通らせることができるようになります。両肘と両腰のワーキングトゥギャザーを体感しやすくするために、左手の上に右手がくるようにクロスさせます。その状態でテイクバックし、トップまで持っていきます。手元が身体の近くを通る感覚が掴めるはずです。

動画はココ！

テイクバック時の両手の動きのイメージ

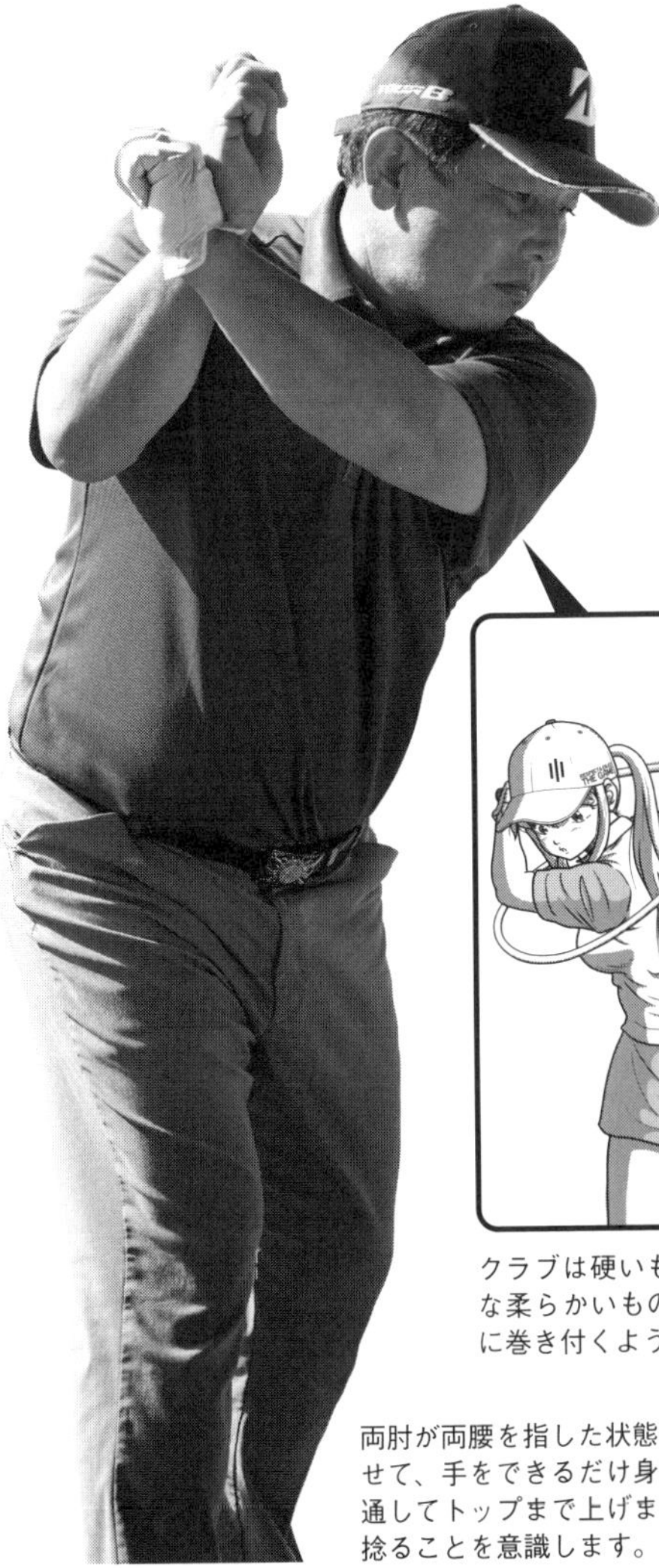

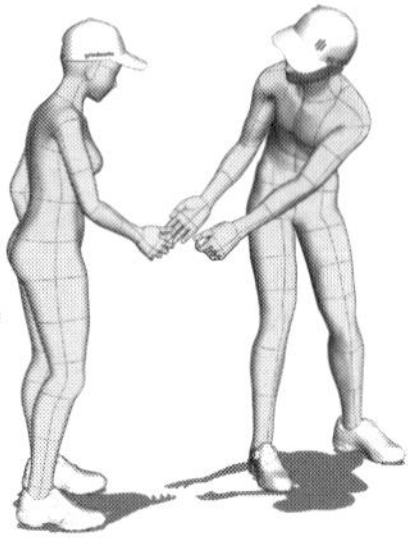

テイクバック始動時のイメージ。すぐ右隣の人との握手なので、手は身体から離れません。

実際のクラブ
こんな感じで巻き付いてると想像しましょう!

クラブは硬いものですが、紐のような柔らかいものをイメージし、身体に巻き付くように上げます。

両肘が両腰を指した状態をキープさせて、手をできるだけ身体の近くを通してトップまで上げます。体幹を捻ることを意識します。

【テーマ3】切り返し編　巻き付き

▼右手はグー、左手はカップリング

始動からバックスイング、トップに向かうまでの話をしてきましたが、欧米トッププロスイングではトップのポジションは意識しません。日本ではよくトップの位置や形を指導しますが、トップを意識するとさまざまな弊害が起こります。そのうちの一つは、下半身が止まってしまうこと。G1スイングでは常に動き続けることが大事で、下半身が止まってしまうとその時点で手打ちになってしまいます。**トップの位置を意識せずに、直立してきたクラブを低い位置で右耳と右肩の間に倒れ込ませればいいのです。**

そうすれば下半身が止まったり手打ちになったりせず、スムーズな回転運動を行うことができます。強いて意識するとしたなら手の形です。100〜101ページのとおり、トップに向かって右手は手のひら側に折り曲げて、左手は甲側に折ってカップリング。これを意識するだけで、自分でも驚くほどいい位置にトップが収まります。

動画はココ！

切り返し時の左手と右手のカタチ

トップの形は意識しませんが、左右の手の形は意識します。クラブを手を離して持ち、そのままトップに持っていくと手の形を作りやすいので、繰り返し行ってください。

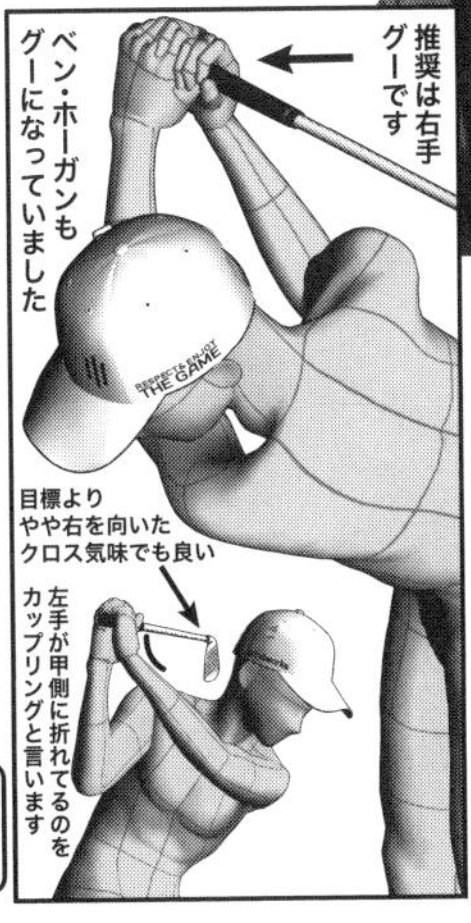
推奨は右手グーです
ベン・ホーガンもグーになっていました
目標より やや右を向いた クロス気味でも良い
左手が甲側に折れてるのをカップリングと言います

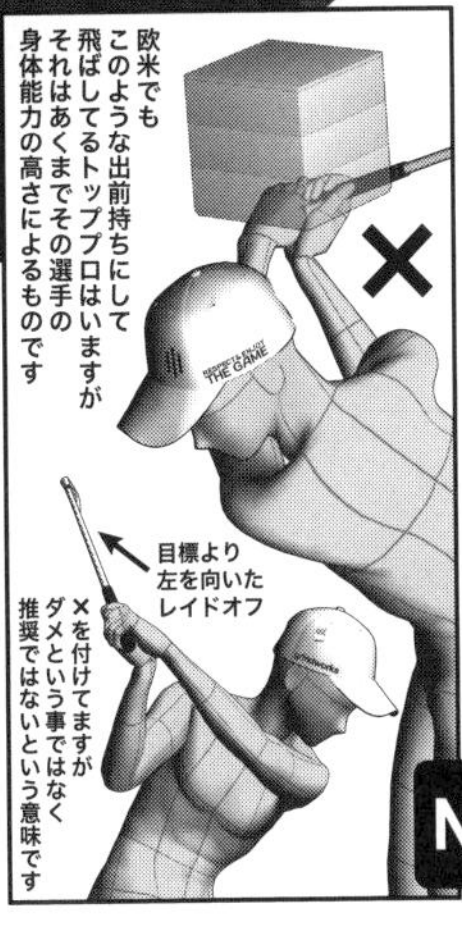
欧米でも このような出前持ちにして 飛ばしてるトッププロはいますが それはあくまでその選手の 身体能力の高さによるものです
×
目標より 左を向いた レイドオフ
×を付けてますが ダメという事ではなく 推奨ではないという意味です

OK○

G1スイングでは、トップの位置を強く意識しません。手の形を「グー」と意識しましょう。

NG×

トップの位置を意識すると、手先でトップまでクラブを上げようとしてしまいます。「出前持ち」はNGです。

【テーマ3】切り返し編 切り返しのポイント①

動画はココ！

▼左腰のヒップターンを体得

切り返しからダウンスイングへ入る際のポイントは、右腕の使い方にあります。**右手首の掌屈、右腕前腕部の回外、右肘の内転を行いながら右腰の下あたりまでクラブが下りてきたとき、右肘はみぞおち横に入ってきます。**このとき右の手のひらは空を向いているのが正しい状態です。この動きは右肩が下がり、今までの日本でよく伝えられてきたレッスンでは間違った動きとして説明されてきました。

子どもの頃に川で石を投げて、水面をジャンプさせる水切り遊びをした覚えはありませんか？　身体の回転に入る直前の動きはまさにあの動きと同じで、この動きができるとクラブが身体に巻き付くように下りてきます。逆に、切り返しで腕を使ってクラブを下ろすとキャスティングの動きが入って身体に巻き付くことはありません。腕を振り下ろさないようにするためにも、切り返しは下半身から行う意識を持ちましょう。

裏面ゾーン～スイングレフト時の左腰ヒップターン

腰を切りながら右手を掌屈、右腕前腕部の回外、右肘の内転を同時に行います。

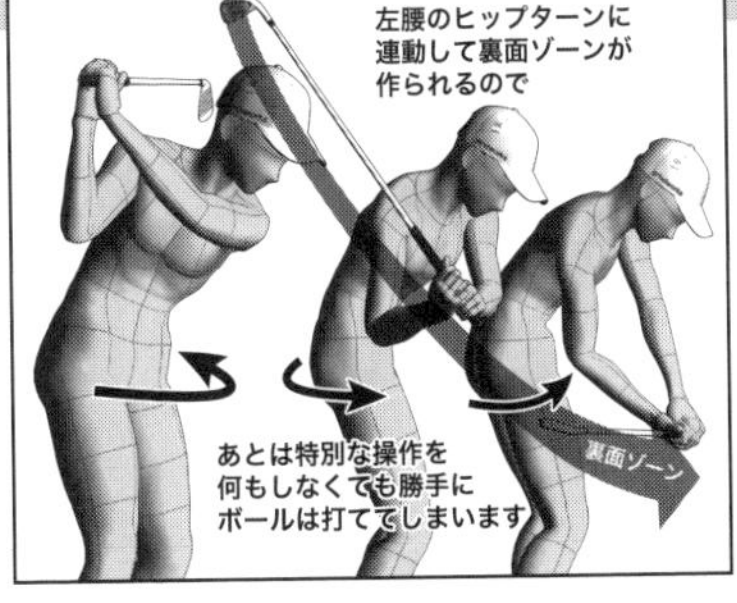
左腰のヒップターンに
連動して裏面ゾーンが
作られるので
あとは特別な操作を
何もしなくても勝手に
ボールは打ててしまいます
裏面ゾーン

クラブが自分の重さで自然と下りてくる感覚が必要です。

腰を切る動きに引っ張られるように、クラブが下ります。腕でクラブを振り下ろすと、キャスティングの動きが入ってクラブは身体に巻き付きません。

【テーマ3】切り返し編　切り返しのポイント②

▼右膝のキックインと右腰の回転

　切り返しで右足の踵を踏む動きと同時に、右膝をターゲット方向に押し込んで腰を回します。この膝の動きが「キックイン」です。**ダウンスイングでクラブが身体に巻き付きながら落下する際、右半身が沈み込み、右足母指球で地面を押し込んだとき（空手の瓦割りで拳を突き下ろしたとき、右半身が沈み込むのと同じ感覚）に右腰が真下に沈み込みます。**ダウンスイングで右腰が前に出てしまう人は、「キックイン」が正しくできていないと考えてください。「キックイン」が正しくできるようになると、右足の土踏まずの内側に、ちょうどスキーのエッジングのような感覚で体重がかかるのがわかるはずです。最初は違和感があるかもしれませんが、この右膝を入れる動きをマスターできれば、クラブが身体に巻き付くように下ろすことができます。これができるようになると、スイングで後半加速が格段に速くなります。

動画はココ！

裏面ダウン〜スイングレフト時の右膝キックイン

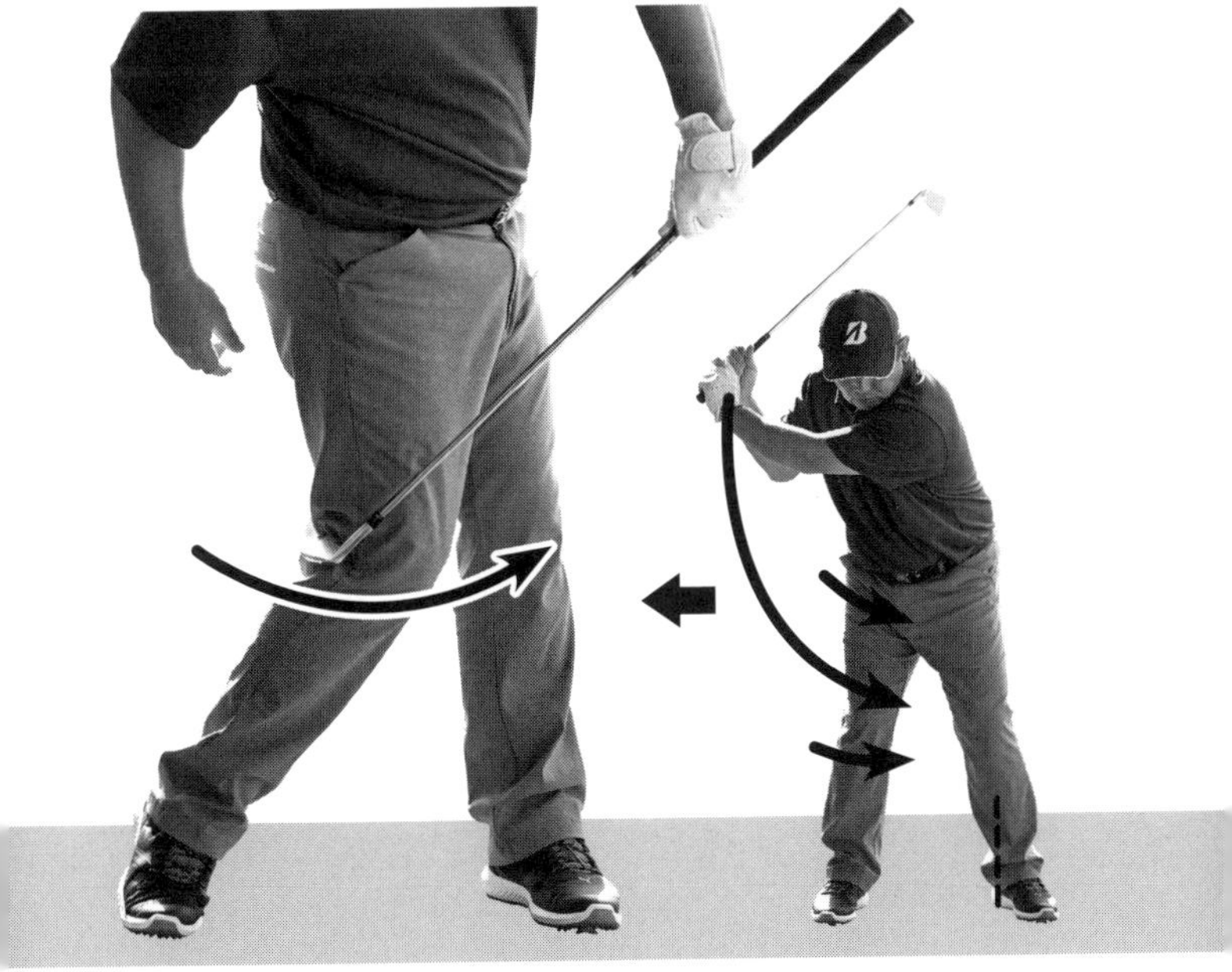

ヘッド部分を右膝の裏側に引っ掛けて、右のお尻を引っ張り出します。この感覚を掴むと、キックインの動きがわかります。右軸で回転し背中が正面を向いて入れ替わると、自然と左足の踵に体重が乗るのがわかります。

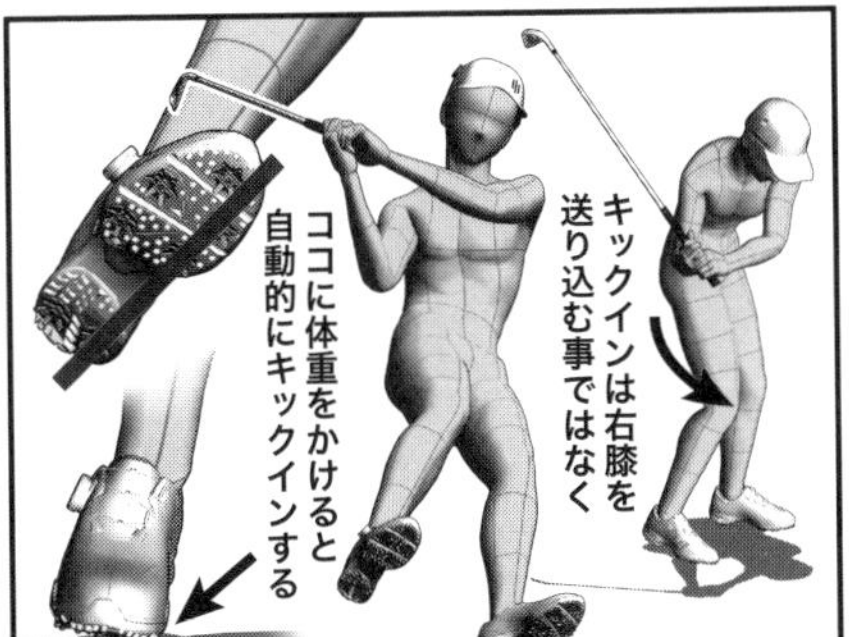
ココに体重をかけると自動的にキックインする
キックインは右膝を送り込む事ではなく

右足の土踏まず内側にスキーのエッジングのような感覚で体重が乗るのがわかると、キックインが正しくできている証拠。

【テーマ3】切り返し編 回転軸の考え方①

動画はココ！

▼回転軸は身体の前にある！

ゴルフのスイングで、「軸」は欠かせないキーワードです。スイングの回転軸を確認するには、まず胸の真ん中を縦に走っている胸骨を意識すること。クラブのグリップを胸の中心に当ててると、胸骨をイメージしやすくなります。そこからテイクバックでは胸骨が右足の土踏まずの内側の垂直線上にくるまで、身体を回転させます。顎、胸骨、右股関節、右足土踏まずの内側を結んだラインが、スイングの回転軸ということ（決して上体が右足側にスウェーしません）。欧米トッププロスイング（G1スイング）での回転軸の考え方は、右軸のスイングということになります。

またスイングの回転軸を背中側でイメージさせる理論がありますが、G1スイングでは身体の前側に軸をイメージさせます。そうすることで軸の外側を回り込むように肩が動くので、身体の捻転量が大きくなります。

欧米トッププロスイングにおける回転軸のイメージ

クラブを胸骨のところで下げると、身体の前に軸があることを意識しやすくなります。

両肩と腰の両端を結んだ四角形を意識して回します。

日本式スイングでは背中側に回転軸をイメージしてスイング。これでは単に身体を、バックスイングとフォローで入れ替えているだけ。

軸を身体の前にイメージすると、捻転量が大きくなります。ちなみにピボット（回転軸）を顎、胸骨、右股関節、右足土踏まずの垂直線上に集約させることを「ピボットイン」といいます。このワードは欧米では常識となっているので、覚えておいてください。

【テーマ3】切り返し編 回転軸の考え方②

▼身体の前に回転軸があるのが欧米トッププロスイング

前ページでＧ１スイングの回転軸の考え方は身体の前にあるものだと説明しましたが、メリットとしてはその場で回転しやすくなる点にあります。

身体の前に円柱を想像し、バックスイングとフォローで身体を回り込ませるように動かすと、背中とお尻が連動します。バックスイングでは今まで意識して右に乗せていた動きがなくなり、その場で回転することができます。これによりバックスイングでは左側が軸になります。ダウンスイングのときは、少し右側に側屈するように外側を回り込むように身体を回します。そうすると右目でボールを下から覗き込むような体勢になるので、Ｇ１スイングが推奨している右軸ターンが実現できるというわけです。

ここで注意すべきなのが、膝。スイング中に膝の位置が動いてしまうと軸もズレてしまうこと。それを防ぐ意味でも、身体の前の軸を回り込むという動きが効果的なのです。

動画はココ！

身体の前に「ちくわ」があるイメージ

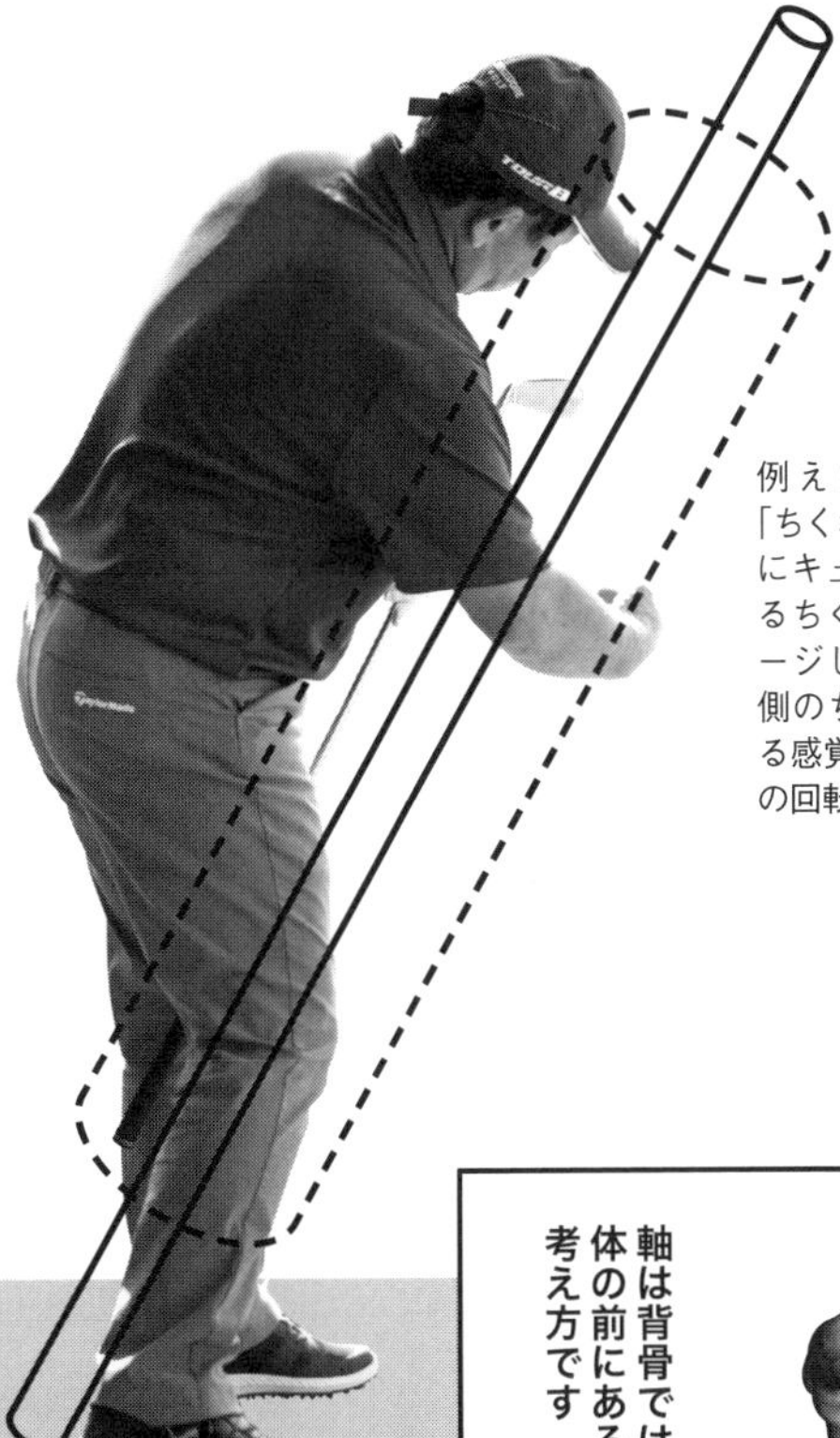

例えば、身体の前に「ちくわ」が、それも中にキュウリが入っているちくわがあるとイメージしてください。外側のちくわだけ回転する感覚が、G1スイングの回転軸の考え方です。

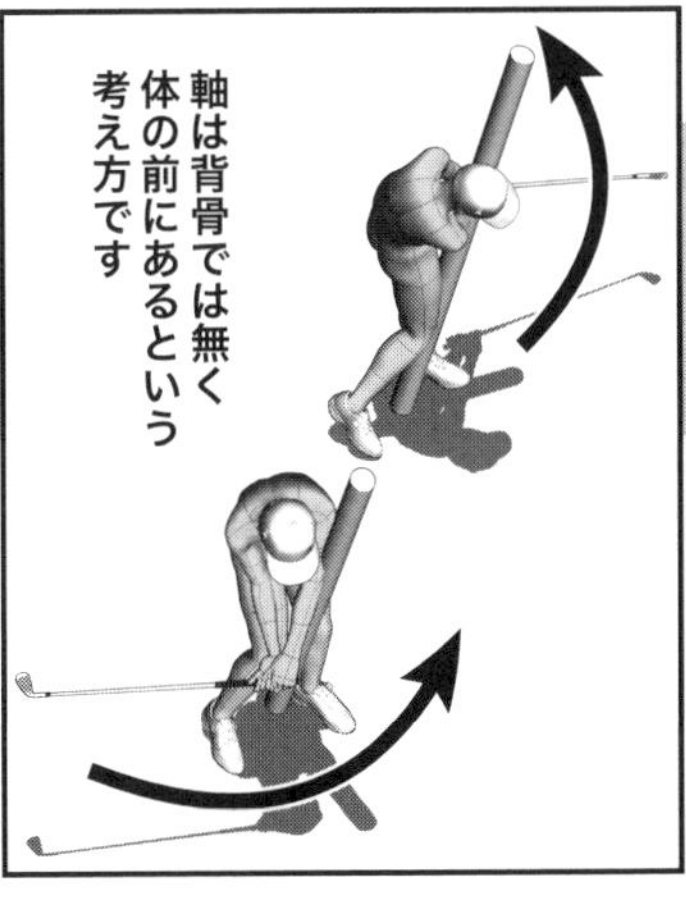

ダウンスイングでは身体を右に側屈させて、身体の前の軸を回り込むように、体幹の四角形（両肩と腰の両端を結ぶ）を回します。

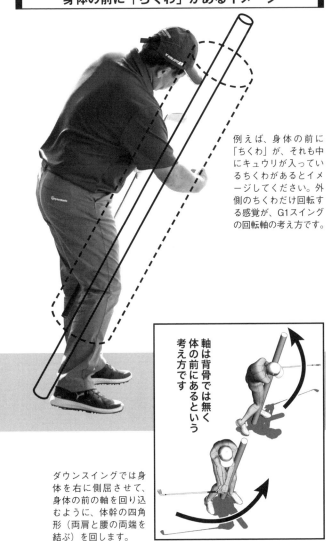

【テーマ4】ダウンスイング編 裏面ダウン①

▼決して「クラブを振り下ろす」のではない

切り返しからダウンスイングで大事になるポイントは、クラブは「振り下ろす」のではなく、体捌きに合わせて「身体に巻き付いて自然に下りる」という感覚です。あるいは、腕は振るものではなく身体の回転に引っ張られて〝振られる〟ものです。**ダウンスイングでは右足の踵を踏み込みながら左脇腹を切る感覚で回しますが、そのときにもう一つ必要な動作が「身体の動きに連動したクラブの倒れ込み」なのです。**下半身リードで切り返して、ヘッドの重みを感じながらクラブが身体に巻き付くように動かします。この「クラブの倒れ込みと落下」でポイントになるのが、右腕の使い方です。

ダウンスイングでヘッドの重みによってクラブが倒れ込む際、それを利用して右手は掌屈、回外、内転という動きを同時に行います。すると自分から見てヘッドは時計回りに回転し、腰の高さでヘッドのバックフェース（裏面）は地面を指しているはずです。

動画はココ！

クラブが身体から離れずに下りてくるイメージ

胸骨が前傾。
シャフトが右耳から離れない。
左腰が高い。
右手で掌屈、回外、内転を同時に行うことでフェース面が空を向き、フェースの裏側は地面を指します。これが裏面ダウンの基本の形です。

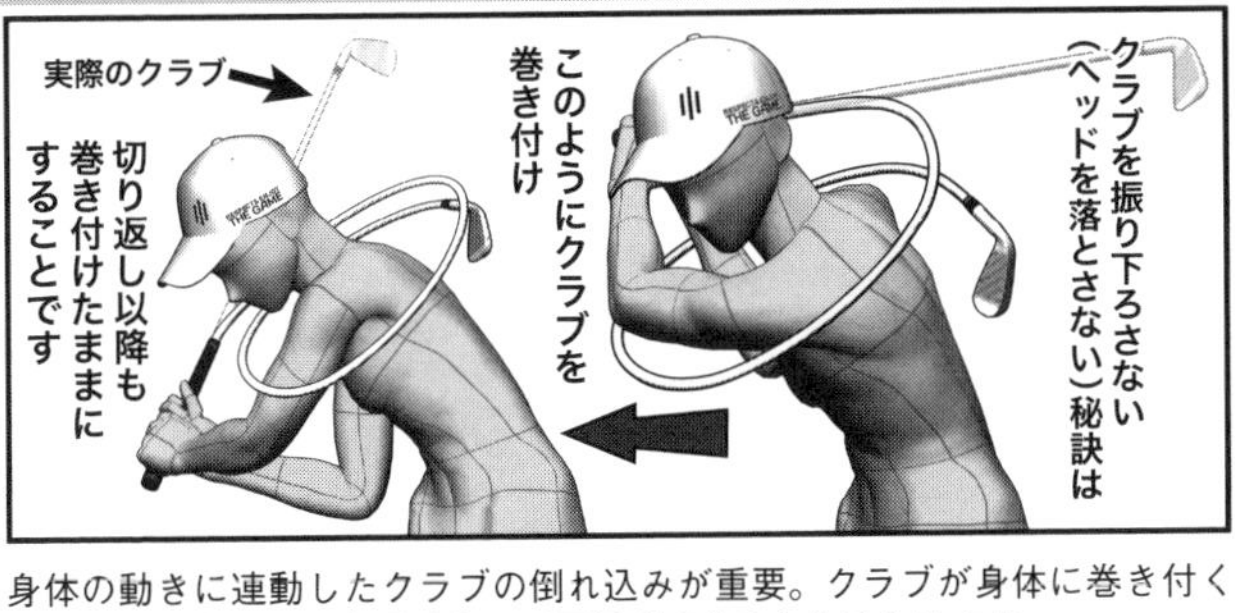
クラブを振り下ろさない（ヘッドを落とさない）秘訣は
このようにクラブを巻き付け
実際のクラブ
切り返し以降も巻き付けたままにすることです

身体の動きに連動したクラブの倒れ込みが重要。クラブが身体に巻き付くイメージを持つと、裏面ダウンの再現ができるようになります。

【テーマ4】ダウンスイング編 裏面ダウン②

▼ヘッドは腰の高さより下げない

ダウンスイングでは基本的にヘッドは落としません。ヘッドを常に背中側に残したままにして、フェースの裏面が地面を向いた状態を長くキープさせます。このときグリップエンドは左腰に向かいます。ここでもフェースをボールに合わせるような動きは入りません。イメージでは腰の高さよりもヘッドを下に下げません。以前は真下に落としてからターンさせると説明していましたが、下に落とすと表現するとキャスティングの動きを誘発する恐れがあるからです。ダウンスイングでは右膝キックインと左腰ヒップターンをさせるのと同時に、右肘をみぞおちの右側に寄せるように入れ込みます。

ヘッドをボールに合わせようとすると、腕を使ってクラブを下ろそうとしがち。**これまでの日本式スイングのインパクト重視のレッスンではあまり言われてこなかった、〝インパクトの意識を消す〟ことがポイントになります。**

動画はココ！

ダウンスイング時のクラブヘッドの動き

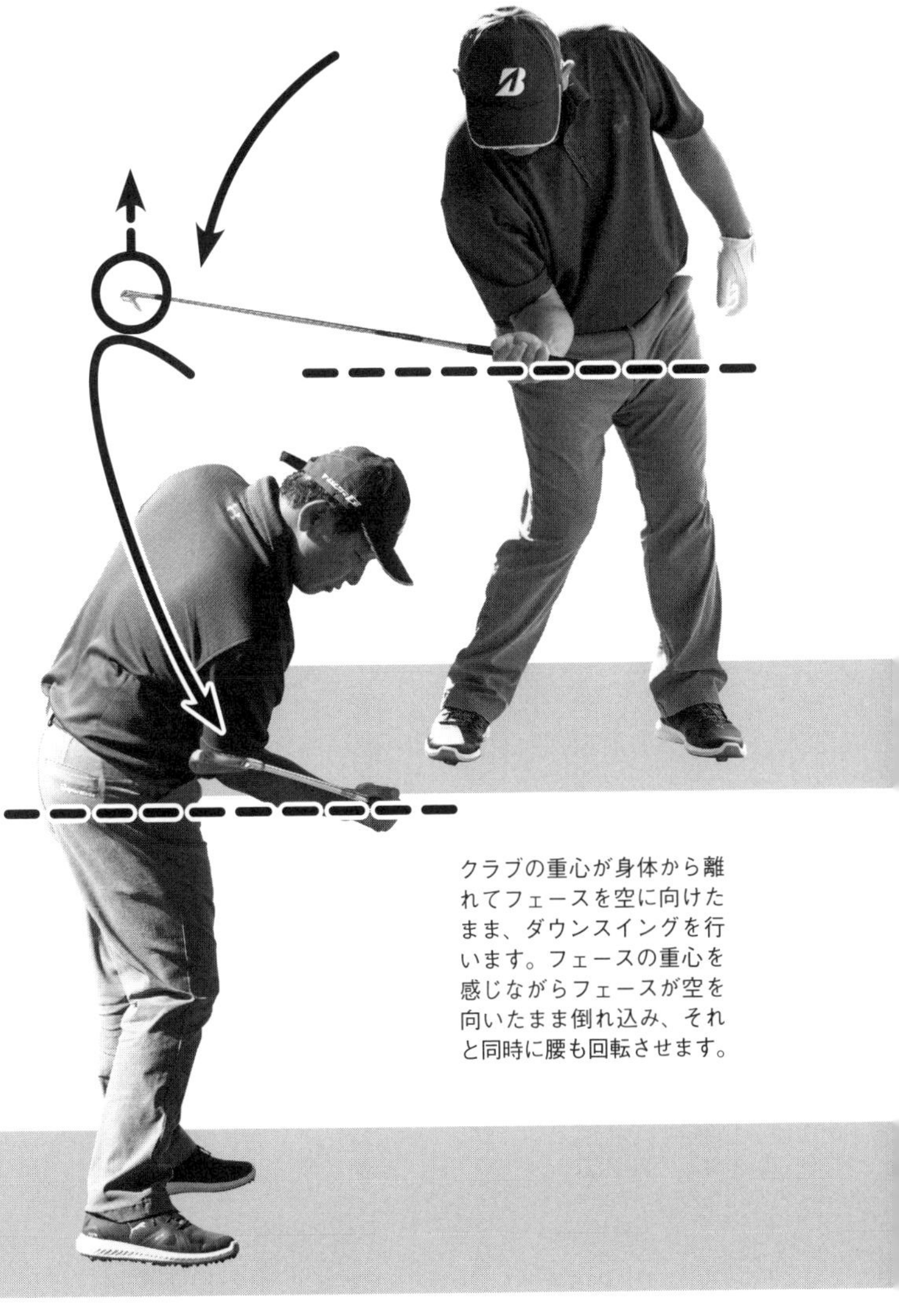

クラブの重心が身体から離れてフェースを空に向けたまま、ダウンスイングを行います。フェースの重心を感じながらフェースが空を向いたまま倒れ込み、それと同時に腰も回転させます。

【テーマ4】ダウンスイング編 裏面ゾーン

▼グリップがヘッドに先行する

日本式スイングのレッスンで、長くスタンダードとして言われてきたのがリストターンです。ダウンスイングからインパクト、フォローへ移行するまでの動きで、グリップエンドがターゲット方向を向いていたのを、フォローでターゲットと逆方向を指すように動かす……これがリストターンを使う動きです。フォローで右手が左手よりも上にくる動きを、欧米ではターンオーバーといいます。G1スイングではこれを「上回りのスイング」といい、シャフト軸を中心にトゥ側がボールを包み込むように動きます。

それに対してノーリストターンでは、常にフェースの重心の下にシャフトが潜り込むように動かします。これを「下回りのスイング」といいます。グリップエンドが左腰の横に直角に入ってくるというのが、動かし方のポイントです。シャフトの内側が身体に巻き付くように動かすことがポイントになります。

動画はココ！

裏面ゾーンにおけるグリップ（両手）の動き

グリップエンドが左腰の横に向かって動くのが、ノーリストターンの動きの特徴。インパクトでフェースをスクエアに当てようとしません。

古くから日本で言われ続けてきたのがリストターン。フォローで右手が左手よりも上にくるのが特徴で、フェースの急激な開閉が起きます。

【テーマ4】ダウンスイング編 下半身の使い方

動画はココ!

▼クラブの重さを感じて沈み込む

欧米トッププロスイングで重視しているのが、インサイドから緩やかな角度でボールに向かっていくクラブの軌道です。そのために右軸で右足の踵で地面を踏み込み、右膝をキックインしながら腰を回します。**改めて理解しておいてもらいたいのが、〝下半身がスイングをリードしている〟ということです。**身体の側屈&胸骨の後傾を始めた時点(左ページ上段の左の写真)で、感覚的にはスイングは完成……〝ボールを打ててしまっている〟のです。信じられないかもしれませんが、地道な反復練習を行うことで、私が語るこの不思議な感覚がわかるでしょう。

イメージしてもらいたいのは、重い扉を横にスライドさせるときに棒立ちの状態では開けることができません。腰を入れて全身を使って開けようとするはず。実は、この動きとゴルフのスイングは同じ動きなのです。

ダウンスイング時の下半身の動き

下半身が沈み
込みます！

クラブを単純に落下させるのではなく、身体全体を使ってクラブを倒しながら「ヘッドを下ろす」イメージです。

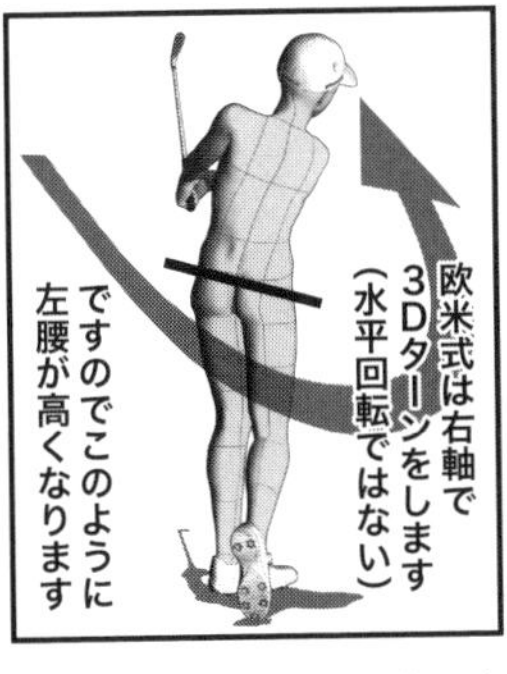
欧米式は右軸で
3Dターンをします
（水平回転ではない）
ですのでこのように
左腰が高くなります

重い扉を横にスライドさせようとすると、右膝でキックインして左足の踵で踏み込む動きが自然に行われます。

【テーマ4】ダウンスイング編 インパクト①

▼「裏面ダウン→インパクト」は同時というイメージ

インパクトに関しては、G1スイングでは通過点と考えます。グリップが先行して動き続けることで、フェースが空を向いたまま動き続けます。逆に、フェースをインパクトでスクエアに戻そうとすると、手首の動きが入りやすくなってしまいます。またヘッドをターゲット方向に出そうとする動きも、リストターンを助長することになります。

では「いつフェースアップするか？」というと、左足の外側にきたときです。そこまではフェース面は常に上を向き、開いた状態になるのが正しい動きです。

切り返した後にインパクトに向かう際、クラブは身体に巻き付いています。巻き付いているから、クラブをトップに置いておけるのです。でんでん太鼓をイメージしてもらうと……軸を回転させると紐が巻き付くように動いて、その先の球が結果的に太鼓を叩きます。つまり、この球の部分がヘッドということ。

ダウンスイングからインパクトへのクラブ（両手）の動き

トップからフォローまでの手の動きをクラブを持たないで再現すると、インパクト（ボール）を意識しないようになります。

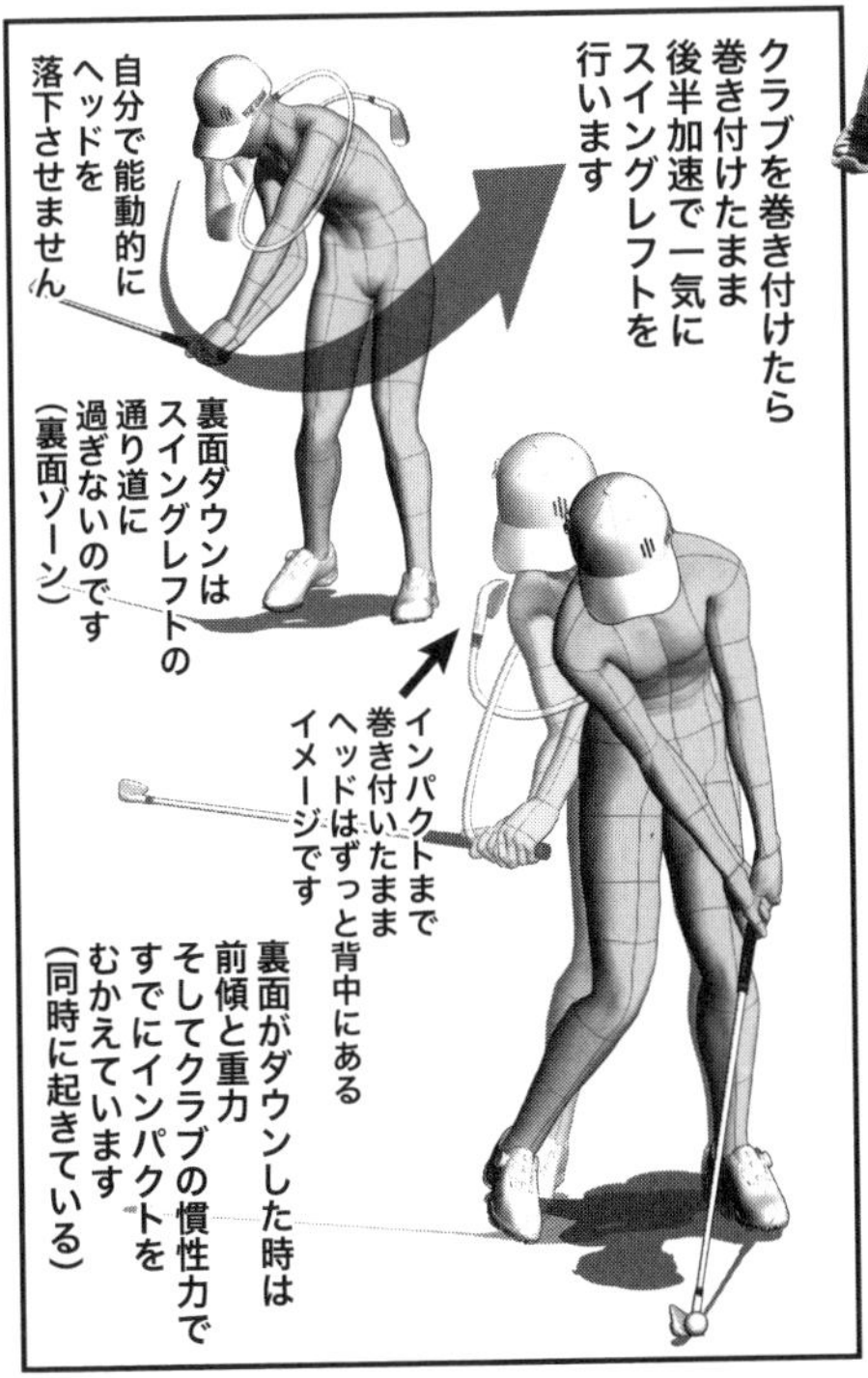
クラブを巻き付けたら
巻き付けたまま
後半加速で一気に
スイングレフトを
行います
自分で能動的に
ヘッドを
落下させません
裏面ダウンは
スイングレフトの
通り道に
過ぎないのです
（裏面ゾーン）
インパクトまで
巻き付いたまま
ヘッドはずっと背中にある
イメージです
裏面がダウンした時は
前傾と重力
そしてクラブの慣性力で
すでにインパクトを
むかえています
（同時に起きている）

クラブはトップに“置きっ放し”という感覚を持ちましょう。身体が動きだすと、クラブは身体に巻き付いたまま、自然と下りてきます。また、意識してフェースをボールに持っていこうとしないで、身体の軸を回転させれば自然とヘッドはスクエアになります。

【テーマ4】ダウンスイング編 インパクト②

▼巻き付けるからクラブをトップに置いておける

G1スイングではダウンスイングで〃クラブを下ろす〃とか、インパクトで〃ボールを打つ〃といった感覚はありませんし、そういう表現も使いません。むしろそのような感覚がスムーズな切り返しや、バランスの良いスイングをするための弊害になると考えています。でも、多くの日本人ゴルファーは、特にダウンスイングでクラブをおろそうとします。理由は「ボールに上手く当てたい」という気持ちが強いから！

まずはその強い気持ちを消す努力が必要になりますが、そのためには成功体験をたくさん積み、メンタル部分の改革をしなければなりません。**具体的には、「クラブをトップの位置に置いたまま身体を回す」感覚を身に付けることです。**この感覚で振るには、バックスイングでクラブを身体に巻き付けるイメージが必要。トップでクラブを置いたままスイングできれば、インパクトの意識を消すこともできるのです。

動画はココ！

ダウンスイングでの巻き付きのイメージ

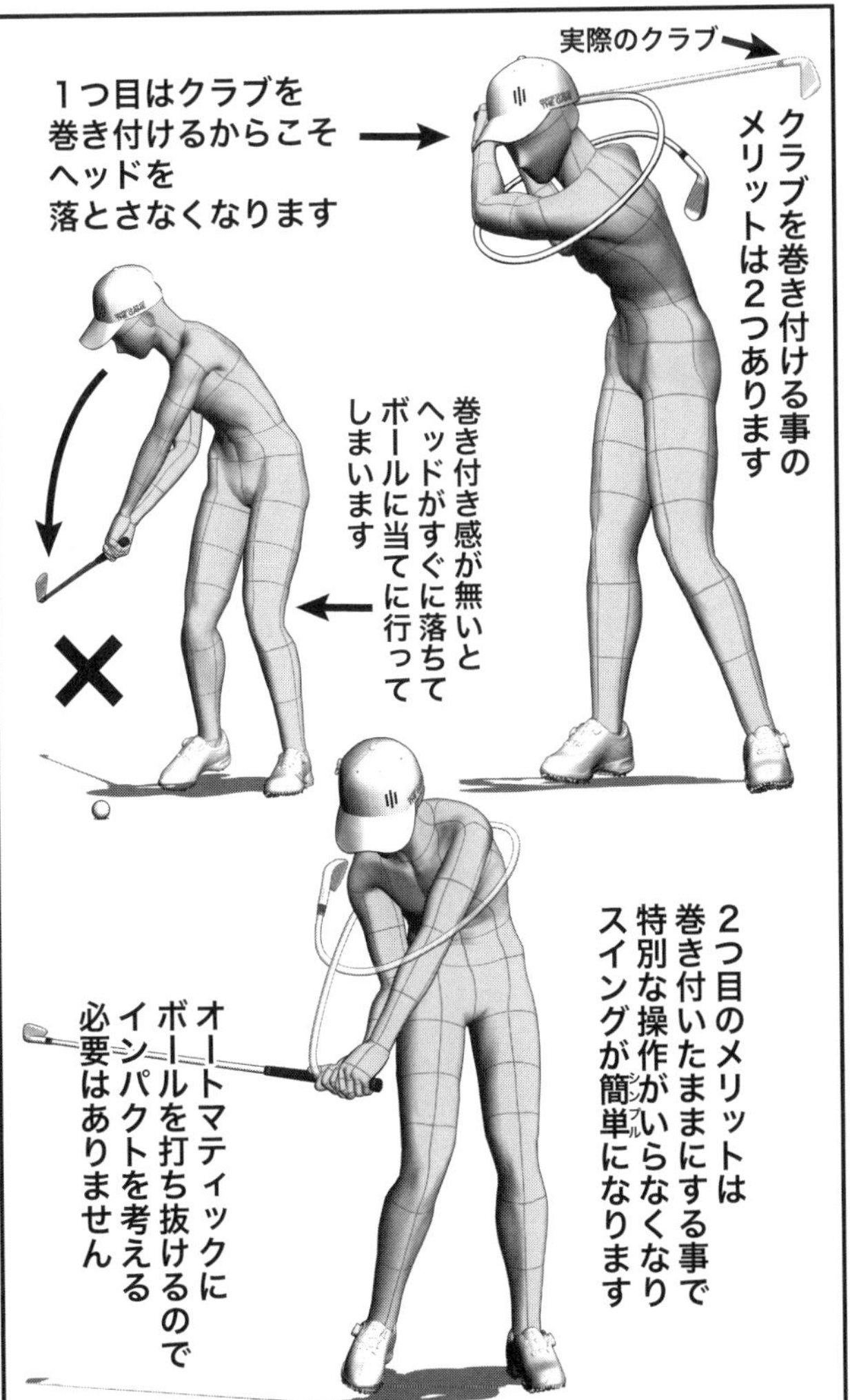
実際のクラブ
1つ目はクラブを巻き付けるからこそヘッドを落とさなくなります
クラブを巻き付ける事のメリットは2つあります
巻き付き感が無いとヘッドがすぐに落ちてボールに当てに行ってしまいます
2つ目のメリットは巻き付いたままにする事で特別な操作がいらなくなりスイングが簡単《シンプル》になります
オートマティックにボールを打ち抜けるのでインパクトを考える必要はありません

【テーマ4】ダウンスイング編 上体の前傾

▼「ヒップターン＆キックイン」の後は上体を前傾！

トップまで上げたクラブを振り下ろそうとすると、キャスティングしてフェースがかぶってしまいます。**裏面ダウンをするにはトップからキャストせずに、槍投げのポーズからクラブが右耳の近くを通るように、グリップエンドをターゲット方向に向けるように動かします。**ダウンスイングで胸を閉じたまま側屈させて、右肘を直角にキープしてみぞおち横に絞り込んできます。そうするとシャフトが腰と平行になる辺りで、ほぼフェース面が真上を向いた状態になります。グリップの握り方にもよるので、真上でなくても45度くらいまでは許容範囲と考えていいでしょう。

ポイントは側屈を入れながらの身体のカバーリング（前傾に必要な動き）。顎が右膝の上にかぶってくるイメージを持つと、カバーリングがやりやすくなります。背中からクラブが巻き付くように下りてきて、最短距離でボールにコンタクトすることができます。

動画はココ！

裏面ダウン～スイングレフト時の上体の動き

ダウンスイングで右足をキックインさせながら、左腰を後ろ側にターン。同時に身体の右側を側屈させます。

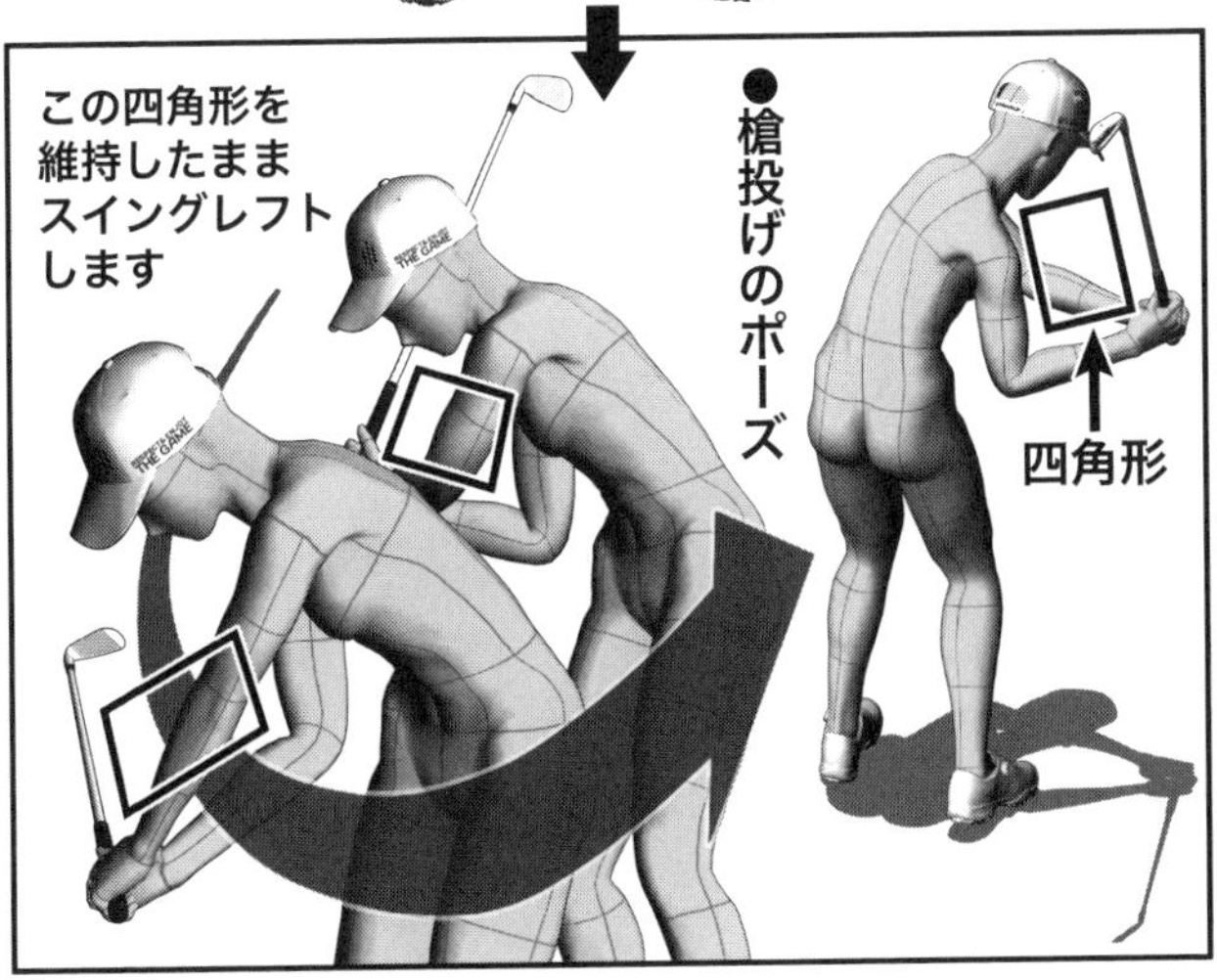
この四角形を維持したままスイングレフトします
●槍投げのポーズ
四角形
THE GAME

ダウンスイングではクラブと右腕で作った“四角”をキープすることが大事。

【テーマ5】フォロー編 スイングレフト概論①

▼エネルギーを最大限に活かす動き

ヘッドスピードをどこで加速させるかというテーマで、多くの人はボール位置で最大に速く振ろうとしています。しかし、欧米トッププロスイングでは、決してボール位置ではありません。クラブのグリップが先行したハンドファーストのまま背中側に入れ替わって、シャフトが立ち始める位置。そこで最も加速させます。クラブが身体に巻き付きながら下りてきて、身体の左サイドまできても右肘の角度と位置はキープします。

そのためにはヘッドを左足の外側に出してはダメです。フェースが返る動きになってしまいます。正面から背中側に入れ替わってシャフトが立つときにも、身体の近くをクラブが通るということが大切なポイントになります。**シャフトの内側が左の太ももから離れずに動く……これがスイングレフトという考え方です。**大きなフォローというのは間違いで、小さく回ることの方が回転力はアップします。

動画はココ!

クラブヘッドは決してグリップを追い越さない

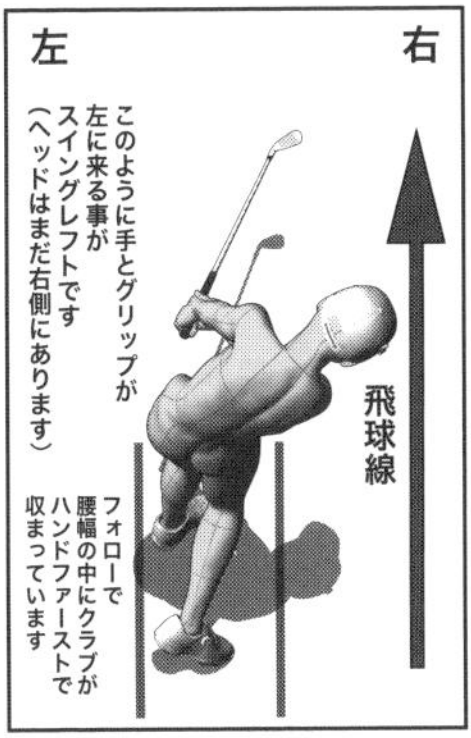
左
右
このように手とグリップが左に来る事がスイングレフトです（ヘッドはまだ右側にあります）
飛球線
フォローで腰幅の中にクラブがハンドファーストで収まっています

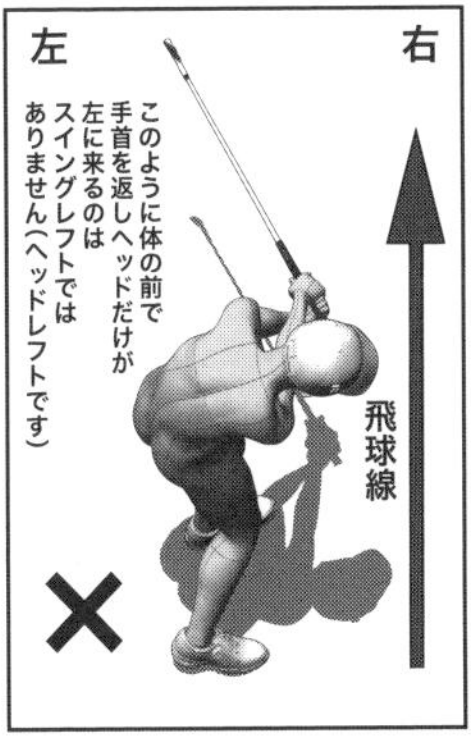
左
右
このように体の前で手首を返しヘッドだけが左に来るのはスイングレフトではありません（ヘッドレフトです）
飛球線
×

シャフトの内側が左太ももから離れずに動くイメージで振ります。ヘッドを外に出そうとせずに、身体の近い場所を通します。

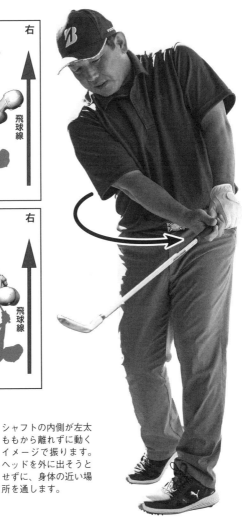

【テーマ5】フォロー編 スイングレフト概論②

動画はココ！

▼〝背中越し〟を感じて振る

トップから切り返しで身体に巻き付きながら下りてきたクラブが、背中越しに身体の正面にくるのがG1スイング。このスイングを実践しているのは、プロ野球のオリックスの吉田正尚選手です！　彼は2020年の自主トレでハンマー投げの室伏広治氏に身体の使い方を習ったところ、スイングがまさしく〝背中越し〟そのものに進化。インパクト後の背中の入れ替えが力強く、広角的な〝スイングレフト〟を実践しているのです。皆さんもテレビ中継で、吉田選手のスイングをチェックしてみてください。

またよく「腰を切る」という表現を使いますが、どちらかと言えば〝脇腹〟を切ると言った方が正しく動けます。右足の母指球で地面を踏み込むことで、右膝のキックインが起きます。そのときにグリップで脇腹を切るように動かすことで、ヘッドは低く丸く回ります。身体とクラブの位置関係をしっかり理解しておいてください。

いかに“手首を返さない”で振るか!?

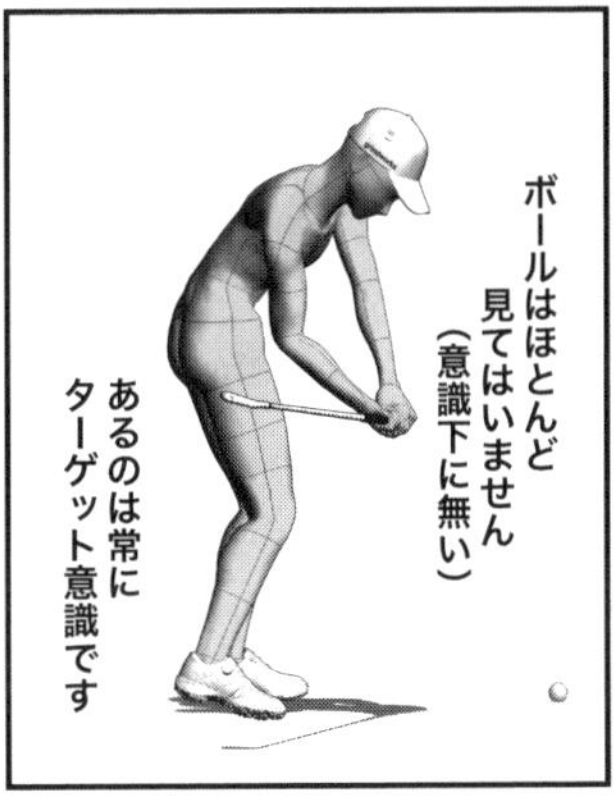
ボールはほとんど
見てはいません
（意識下に無い）
あるのは常に
ターゲット意識です

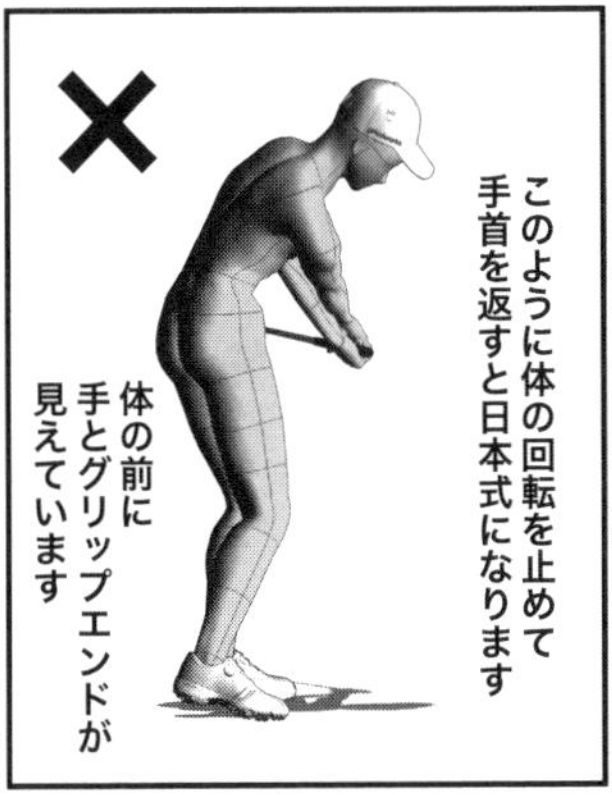
×
このように体の回転を止めて
手首を返すと日本式になります
体の前に
手とグリップエンドが
見えています

欧米トッププロスイングは体捌きによって、手首の返しを省略。その一方、日本式スイングは、身体の回転を止めて手首を返します。

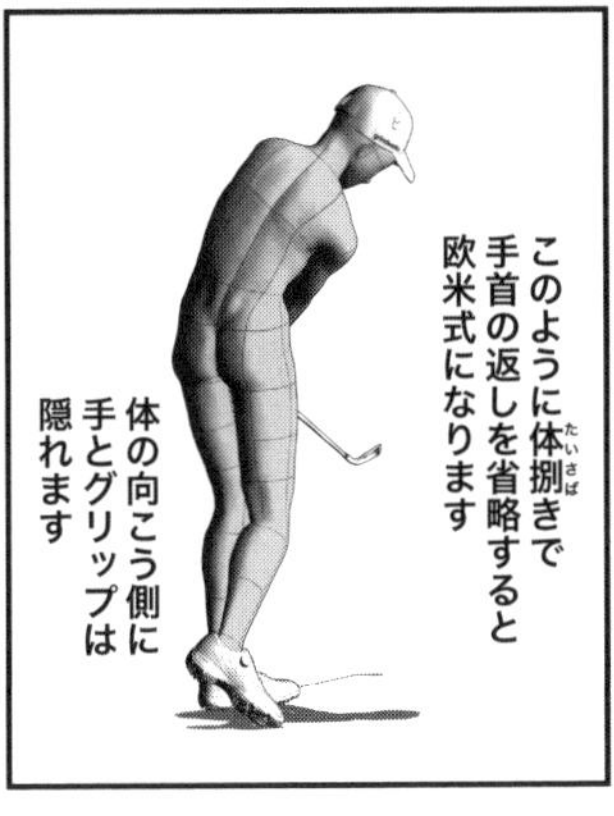
このように体捌《たいさば》きで
手首の返しを省略すると
欧米式になります
体の向こう側に
手とグリップは
隠れます

これが日本人ゴルファーにはなかなかできないのです！

【テーマ5】フォロー編 スイングレフトの動き①

▼右足荷重と右軸回転

ゴルフのスイングは、昔とはかなり変わっている部分があります。その中でも特徴的なのが、野球のホームランバッターの打ち方を取り入れるようになったことです（162～163ページの［ドリル8］参照）。

野球のホームランバッターで右打ちの場合、右足に体重を乗せた状態でボールを待ち、左足で踏み込んでいきます。そのときに身体は回転して手が前に出る動きになりますが、体重は右足に残った状態です。だいたい8対2の割合で右足体重になっています。一方、G1スイングでは7対3くらいのイメージで伝えています。

要するにボールに最もパワーを伝えられる振り方は右足荷重、かつ右軸回転だということです。そのうえで手首の角度はキープさせて、さらにパンチ力を生み出しているわけです。力を出すために必要な身体のメカニズムです。

動画はココ！

常にグリップが先行するイメージで振る

左足で地面を踏み込むときも体重配分はまだ右足荷重で、だいたい7対3のイメージ。パワーをボールに伝えるには、右軸回転が適しています。

野球のホームランバッターのイメージどおり、右足体重で手元が先行しています。今までは二軸だったのが、一軸で回転するようになったのが大きな違いです。

【テーマ5】フォロー編 スイングレフトの動き②

▼グリップは左腰横に直角に入る

右手は常に左手の下にある状態でスイングします。これはG1スイングにおける重要な部分ですが、この振り方だとフェースが開いて右に飛びそうな感じがします。ただ、左太ももの横にグリップを通過させれば寝ていたフェースが立って、自然とボールを打ち抜くことができます。クラブはそういうふうに設計されていて、実は日本式スイングのレッスンではスクエアに戻すために手首を返す動きを教えているのです。

多くの日本人ゴルファーはインパクトのスクエアだけを目指すため、その部分で手を使って合わせようとします。しかし、インパクトは一瞬なので、それをコントロールすることは不可能……つまり考えなくていいのです。**そうではなく、手首を返さなくても身体を回転させればフェースがスクエアに戻るということを体感してください。**

動画はココ！

グリップを左ポケットに入れるイメージ

手元が最後まで先行。この動きだとボールが右に飛ぶ感じがありますが、実際は腰が回転しているのでフェースはスクエアに戻っています。

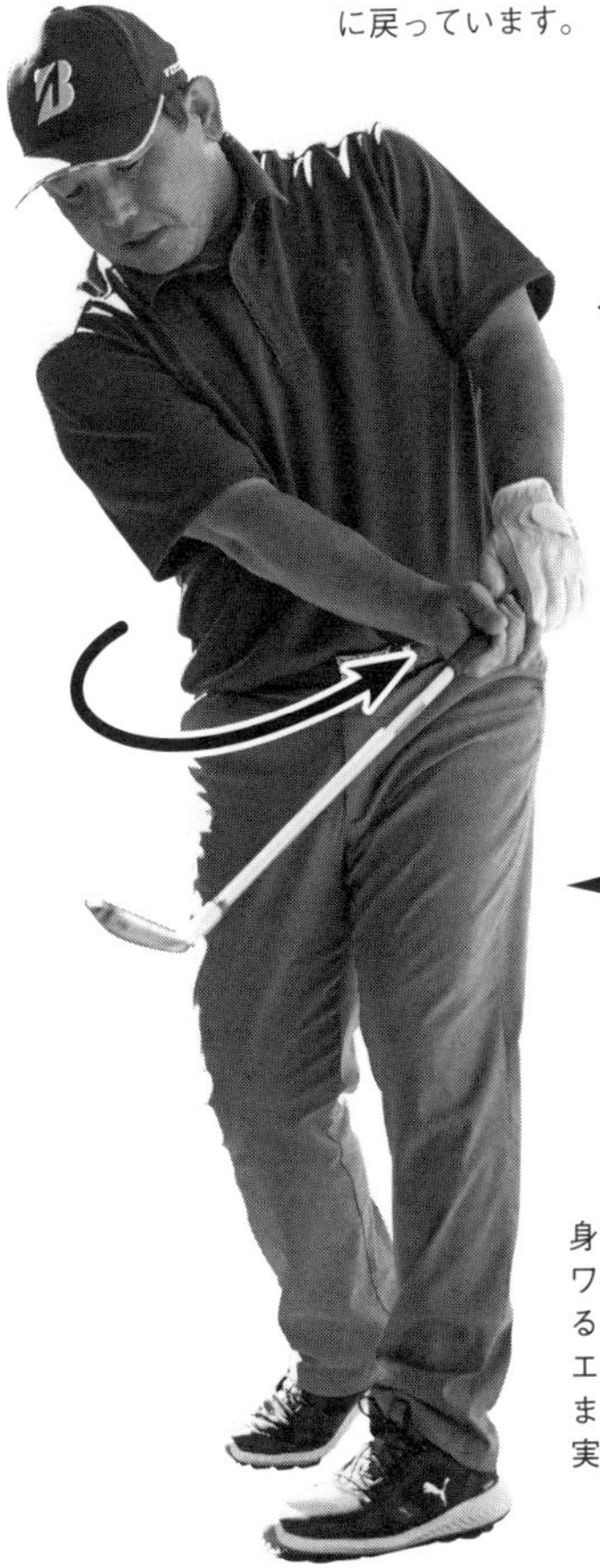

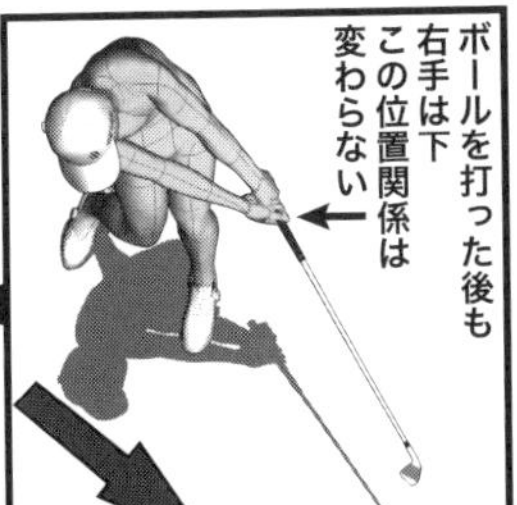
ボールを打った後も
右手は下
この位置関係は
変わらない
飛球線

身体の回転（体捌き＝ボディワーク）によってクラブも回ると、自然とフェースがスクエアに戻るので、心配はいりません。繰り返し練習して、実感してください。

【テーマ5】フォロー編　後半加速

▼インパクトの後からスイングは加速する

日本人ゴルファーの多くは「クラブがボールに当たる瞬間」こそ、スイングスピードがＭＡＸだと思っています。そして、そのようにスイングしています。**それに対して欧米トッププロスイングでは、インパクトを過ぎてからスイングは加速し続けます。**

ハンドファーストをキープしながら橈骨が身体から離れないように、クラブを身体のすぐ近くに通します。すなわち、スイングレフトを正しく行うと、クラブが正面から背中側に入れ替わる際に、最大に加速しながらシャフトが立ち上がるのです。

コツとしては、飛球線方向に風船が浮かんでいることをイメージし、その風船をクラブで割ろうとするといいでしょう（50〜51ページを再チェック）。だからといって、決してクラブを前方になキャスティングしてはいけません。また、第５章の１４８〜１５８ページのドリルを繰り返し行うのも、とても効果があります。

動画はココ！

“後半加速”スイングのイメージ

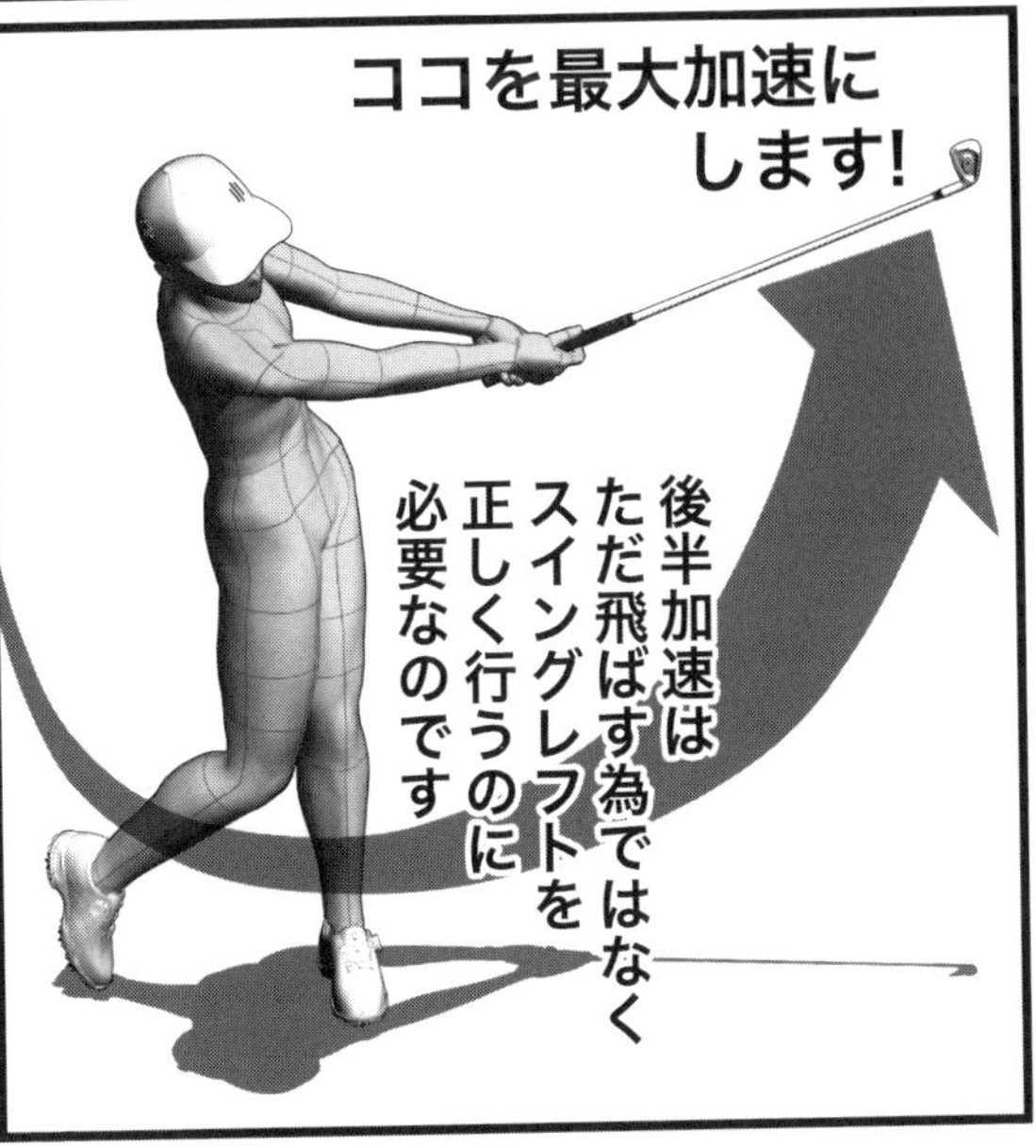

ココを最大加速にします!
後半加速はただ飛ばす為ではなくスイングレフトを正しく行うのに必要なのです

ONE POINT ADVICE

「ハンド&アイコーディネーション」ドリルをやろう!

ハンド&アイコーディネーションとは、手と目の協調性を高めるトレーニングのこと（148～153ページ参照）。このドリルを繰り返し行えば、目で見たものに対して正確に手を動かせるようになります。

［テーマ5］フォロー編　クラブの浮力

▼自然に振ればクラブはフィニッシュへ向かう

インバランスフィニッシュに向かう際に重要なことは手でクラブを動かそうとしないことです。**あくまでもG1スイングではクラブは勝手に動くことが大事で、そのためにポイントになるのが揚力（浮力）です。**紙飛行機をイメージしてもらえるとわかりますが、羽の部分が水平になっているからこそ揚力を得て飛び続けるわけですが、クラブにもそれを同じことが言えます。トップからフィニッシュまでフェース面は空を向いた状態のまま動きます。しかし、インパクトでフェース面をスクエアに戻そうとしたり、ボールに当てる意識が働くとフェースの向きが変わってしまいます。具体的な動き方で説明すると右手が常に下にある状態でスイングすれば、フェース面は空を向いた状態をキープできます。これによって身体の回転に伴ってクラブが加速しながらフィニッシュに向かうことになります。

動画はココ！

クラブの浮力（揚力）でフィニッシュへ

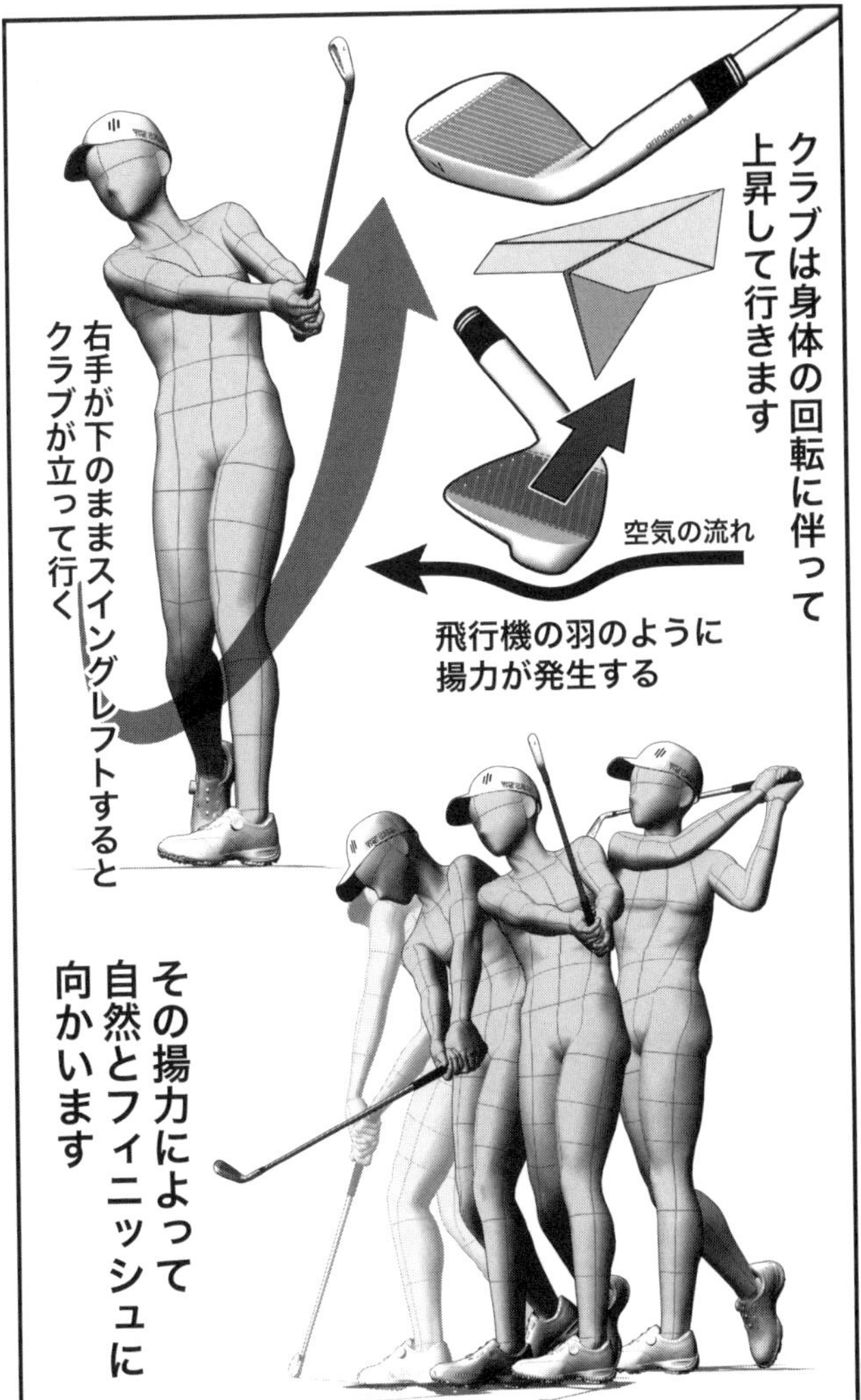
クラブは身体の回転に伴って上昇して行きます
右手が下のままスイングレフトするとクラブが立って行く
空気の流れ
飛行機の羽のように揚力が発生する
その揚力によって自然とフィニッシュに向かいます

【テーマ5】フォロー編 フィニッシュのカタチ①

動画はココ！

▼振り終えたクラブは地面と平行

身体の左サイドを小さく回ることができると、最終的にフィニッシュでは〝招き猫ポーズ〟ができあがります。バックスイング時に右腕前腕の橈骨を軸に回外させる話をしましたが、フォローサイドでは左腕前腕の橈骨で同じような動きをイメージします。

ハンドファーストをキープしながら橈骨が身体から離れないように、グリップを身体に近い場所を通します。**すると左腕と身体がくっ付いている状態になるため、とても窮屈に感じますがこの窮屈感こそが重要なのです。**おかげでクラブは正面から背中側に入れ替わる際に、最大に加速しながらシャフトが立ちます。左肩の高さで、左手の親指が顔を指しているはずです。左腕が身体から離れてしまうと、フォローサイドでシャフトを立てることはできません。また、身体から離れるとヘッドを加速させることもできません。フォローで小さく速く回すイメージを、しっかり持っておきましょう。

後半加速からのクラブの動き

左腕前腕の橈骨を軸に回外させることで、左腕とクラブは身体の近くを通すことができます。小さく振るから加速感もアップ。

シャフトが立ちながら上がり、最終的に頭の後ろの部分にきます。左手だけでこの動きを行い、そこに右手を合わせたポジションがフィニッシュです。

【テーマ5】フォロー編 フィニッシュのカタチ②

▼欧米では「インバランスフィニッシュ」は常識

フィニッシュで最も大事なことは、お腹を出さずに腰も反らさずにバランス良くまっすぐに立つことです。そうした姿勢だけでなく、打ち終わった後もボールが落下するまでその体勢をキープできる体力的なものももちろん必要です。**G1スイングではこれを、インバランスフィニッシュと呼んでいます。**

フィニッシュの理想型の形を具体的に説明すると、グリップが左耳の横にきて、左腕前腕部は地面と垂直にまっすぐになっています。そして、左の手のひらと右手甲がターゲット方向を向きます。

このときクラブは地面に水平で、左手の親指がシャフトの下に潜り込むようなポジションで、左手は背屈になっているはずです。身体がしっかり回転すれば、意識しなくてもフィニッシュはこのポジションに収まるはずです。

理想的で美しく安定したフィニッシュ

G1スイングのフィニッシュは、「グリップが左耳の横」「左の手のひらと右手の甲がターゲット方向」。

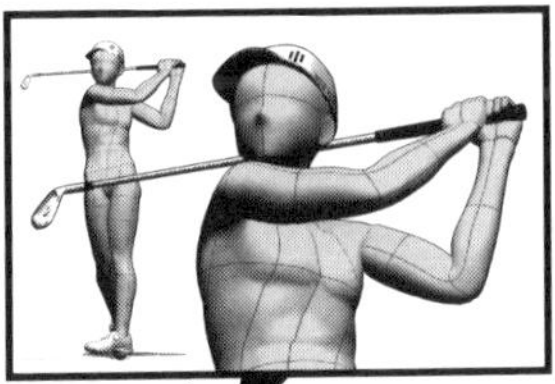

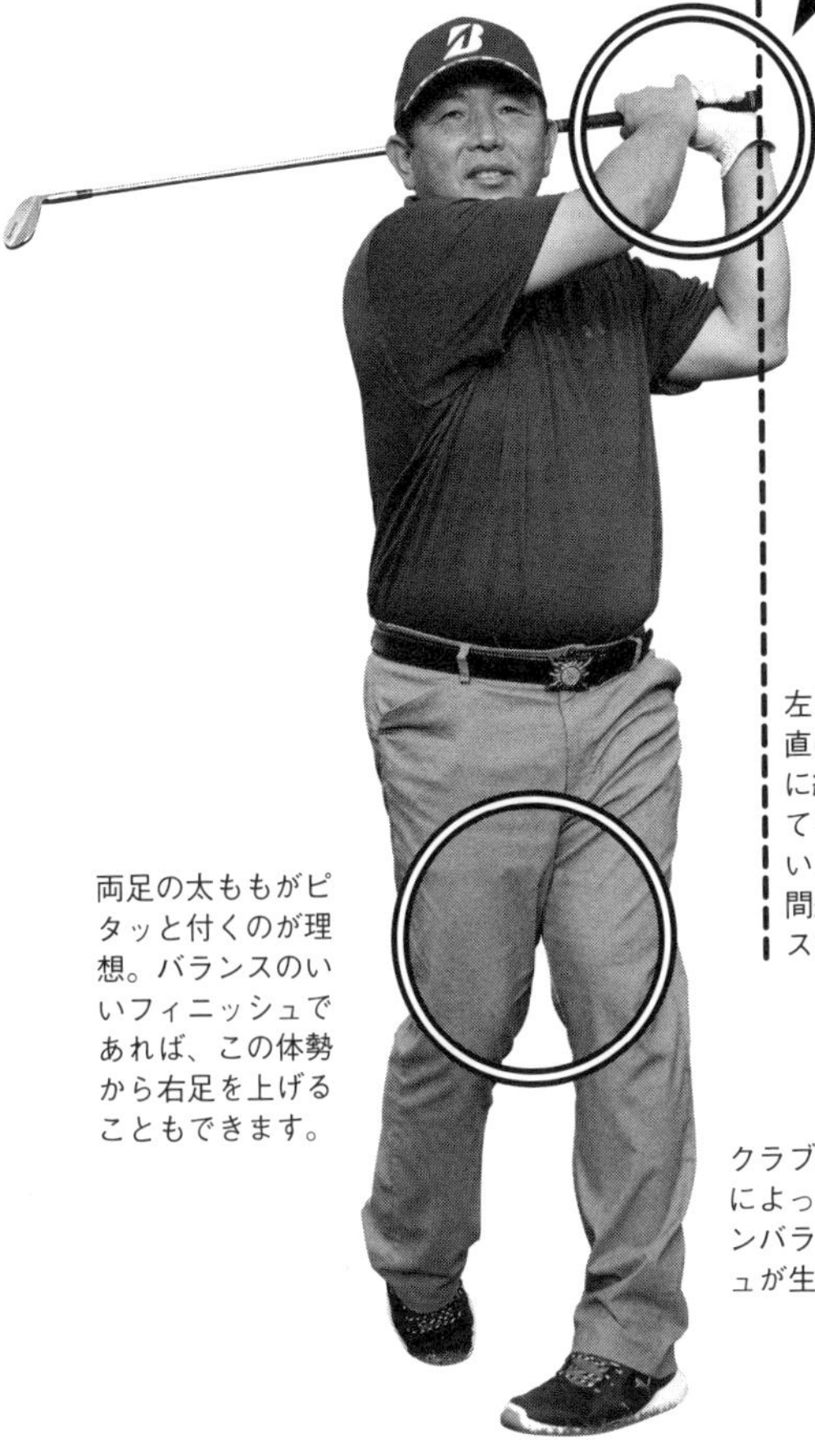

左腕前腕が地面と垂直になり、左脇は自然に締まった状態になっています。左脇が開いたり、手の位置が間違っているとバランスは保てません。

両足の太ももがピタッと付くのが理想。バランスのいいフィニッシュであれば、この体勢から右足を上げることもできます。

クラブの浮力と回転力によって、安定したインバランスフィニッシュが生まれます。

【テーマ5】フォロー編 体幹の捻り戻し方

▼体幹の捻り戻しがインバランスフィニッシュの鍵

インバランスフィニッシュが取れるようになると、おのずとヘッドスピードも上がるようになります。というのもスイング中に、身体のどこかにブレーキがかかることがなくなるからです。

腰を速く回転させるのはなかなか難しいことですが、股関節を意識するとスムーズに体重移動を行えて、腰の回転も速くなります。**インバランスフィニッシュを取るためのポイントは、左脇腹の引き。**胸郭を右側へ後傾させながらターンさせて、左脇腹を後方に引く動作です。左脇腹を引けずに身体の回転が止まると腕の動きが強くなってしまい、クラブを振る方向がズレるなどの弊害が起こります。

左脇腹を後ろに引いて背中が完全に入れ替わるまで回ることが、インバランスフィニッシュを完成させるために必要なことです。

動画はココ!

フィニッシュ時の身体の捻りのイメージ

体幹をしっかりと捻り戻すことで、インバランスフィニッシュは完成。体幹と連動して右肩と頭も回転させると、フィニッシュしたときに左足でしっかり立つことができます。

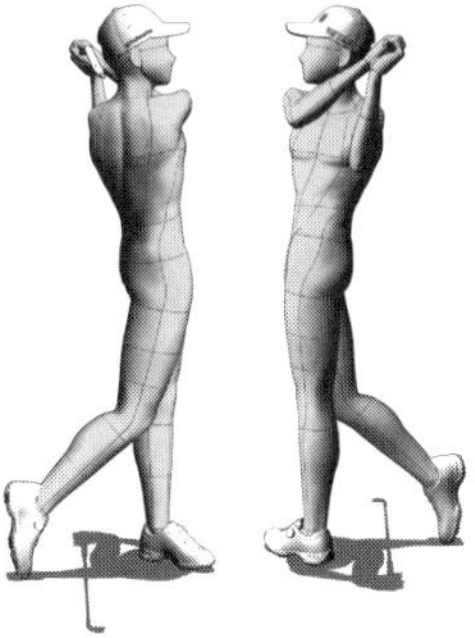

胸がターゲットをしっかり向いて左足の上でバランス良く立てている状態が、インバランスフィニッシュ。バックスイングとフォローで背中がしっかり入れ替わっているのは、左脇腹を引くことができているから。

ONE POINT ADVICE

インバランスフィニッシュをとるためには、股関節を上手に使ってその場で回る感覚が重要。大きなサラダボウルをイメージし、丸い部分に沿って股関節を切り上げるように動かします。

Column 5

世界のトッププロと日本人プロの違いは？

世界のトッププロと日本人プロの差は、何と言っても「体格」でしょう。世界は身長180cm以上、体重85kg以上は当たり前で、そのうえで筋肉トレーニングや他のスポーツで身体を鍛えています。日本人が小柄なのは仕方ありませんし、体格差を埋めるために筋トレに励んでいるゴルファーは少なくありません。が、日本人の体格でも無理なくゴルフを極めたり楽しんだりできるのが、このG1スイングなのです。

第5章

欧米トッププロ スイングを体得する！ 反復ドリル12種

第5章では、欧米トッププロスイングを身に付けるための反復ドリルを紹介。今回の12種はクラブやタオル、ゴム紐、ゴムボールなどを利用した効果抜群のドリルです。ゴルフ練習場や自宅で繰り返し行ってください！

【ドリル1】ハンド&アイコーディネーション：右手

【ドリルのやり方】

クラブを逆さまにして右手で持ち、練習場のゴムティーが左足の太もも内側にくるようにアドレスします。胸骨が回転軸であることを意識しながら右手に持ったクラブを振り子のように動かし、グリップの先でゴムティーを両方向でヒット。このとき身体とクラブの動きを同調させることが大事です。最初は右手が正面時計の8〜4時に収まる範囲内で往復させ、慣れてきたら9〜3時の範囲まで振り幅を大きくします。

【ドリルの効果効能】

腕（ハンド）と目（アイ）の協調性（コーディネーション）が高まり、スイングのミート率がアップします。最終的には目を閉じてもティーをヒットできるようになること。そうなると空間認知力が高まり、ショットの精度が格段に上がります。

動画はココ！

クラブの慣性を感じながら振る

ヘッドのトゥが自分の方を向くように持ち、ヘッドがブラブラ返らないように注意します。このとき右脇を締めることも大事です。※板橋プロはスイング練習具を使用。

胸骨を回転軸にして、ゴムティーを撫でる感じでバック＆フォローを繰り返します。慣れてきたら後半加速でスピードアップします。

【ドリル2】ハンド&アイコーディネーション：左手

動画はココ！

【ドリルのやり方】

「ドリル1」と同じようにして、今度はクラブを左手で持ちます。アドレスも「ドリル1」と同じ。左手が正面時計の8～4時の位置から、両足つま先ライン10㎝先の足幅センターめがけてヒットさせます。このとき決して手首を返さないこと！　手首を90度に保ったまま、ハンドファーストをキープするようにします。

【ドリルの効果効能】

日本式スイングでは腕をターゲット方向に振り出してしまいますが、このドリルでハンドファーストをキープすることが第一で、ヘッドをボールに向けないイメージを植え付けます。「ボールと打とう」とする意識を取り払い、ハンドファーストが無意識にできるようになります。

左サイドのリードを意識する

裏面ダウンの後の高さ、正面時計の８時半から始めます。常に左手のリードを意識し、ハンドファーストをキープすることが大事。

両足つま先ライン10cm先の足幅センターをヒット。ここでもハンドファーストをキープします。ティーに届かない場合は、右半身を沈み込ませるといいでしょう。

【ドリル3】ハンド&アイコーディネーション：両手

【ドリルのやり方】

［ドリル1］と［ドリル2］に続き、クラブの向きはそのままで、今度は両手で行います。右腕の橈骨を軸に回外させたハーフウェイバックの位置から始め、右手首を90度にキープしたまま［ドリル2］のように身体の前の地面をヒットダウンします。右半身を沈み込ませて、ダウンフォースをかけて地面をしっかりヒットすることも大切です。慣れてきたら後半加速でスピードアップします。

【ドリルの効果効能】

地面をヒットしたら左腰を引き、右手を左腰の横に入れていく感覚を覚えます。裏面ダウンからスイングレフトへの身体の動きと、きれいな回転軸を作ることを体得することができます。**アイアンのダフリとトップが激減します。**

動画はココ！

ハンドファースト・キープを習得

正面時計の8時半から始め、常にハンドファーストをキープ。右半身を沈み込ませながら、地面をヒットします。

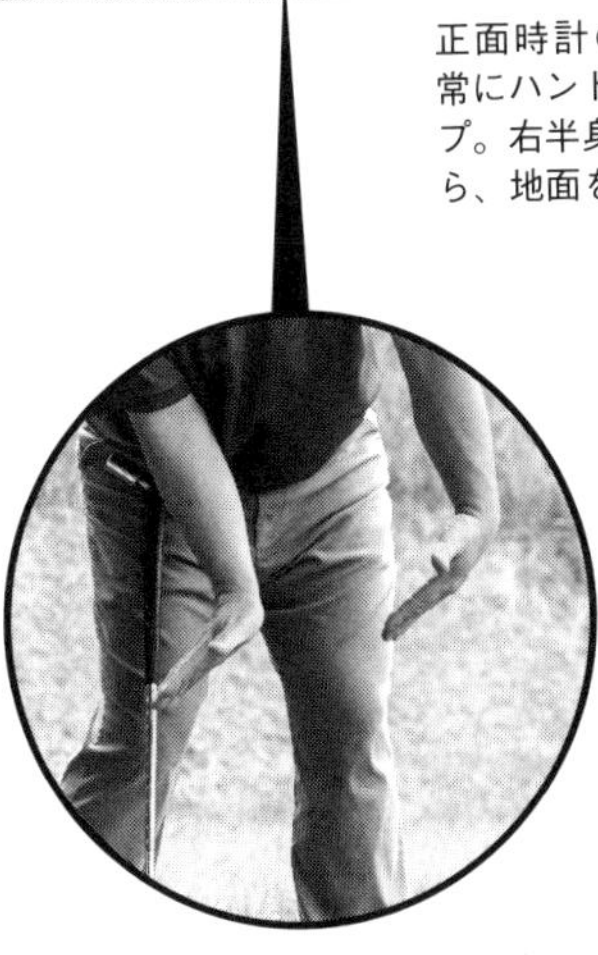

両手首はどちらも90度をキープします。右手は背屈、左手は掌屈に曲がっていることを意識します。

【ドリル4】タオルを使った裏面ダウン

【ドリルのやり方】

タオルの端を右手でしっかりと握り、手首をグーの形に掌屈させます。タオルを右腕下に通し、左手で短く握ります。このとき両腕の肘、右腕の下を通したタオルが直角になるように注意します。まずは上体を水平に回転（左ページ❶～❸）。右肘が上体の内側（みぞおち）に入っていく感覚を覚えたら、今度は右足を軸に縦回転を加えます（左ページ❹～❻）。身体の前を斜めに走っている回転軸を中心に、右肘が直角のまま軸外側から内側に回りながら入っていく感覚を養います（112～113ページ参照）。

【ドリルの効果効能】

なかなか再現するのが難しい裏面ダウンの感覚を覚えます。日本式スイングでやりがちなキャスティング……ダウンスイングの際に腕とクラブを後方へ投げ下ろすことを防ぎ、クラブをインパクトまで最短距離で持ってくることができます。

動画はココ!

欧米トッププロスイングの右腕の動きを習得

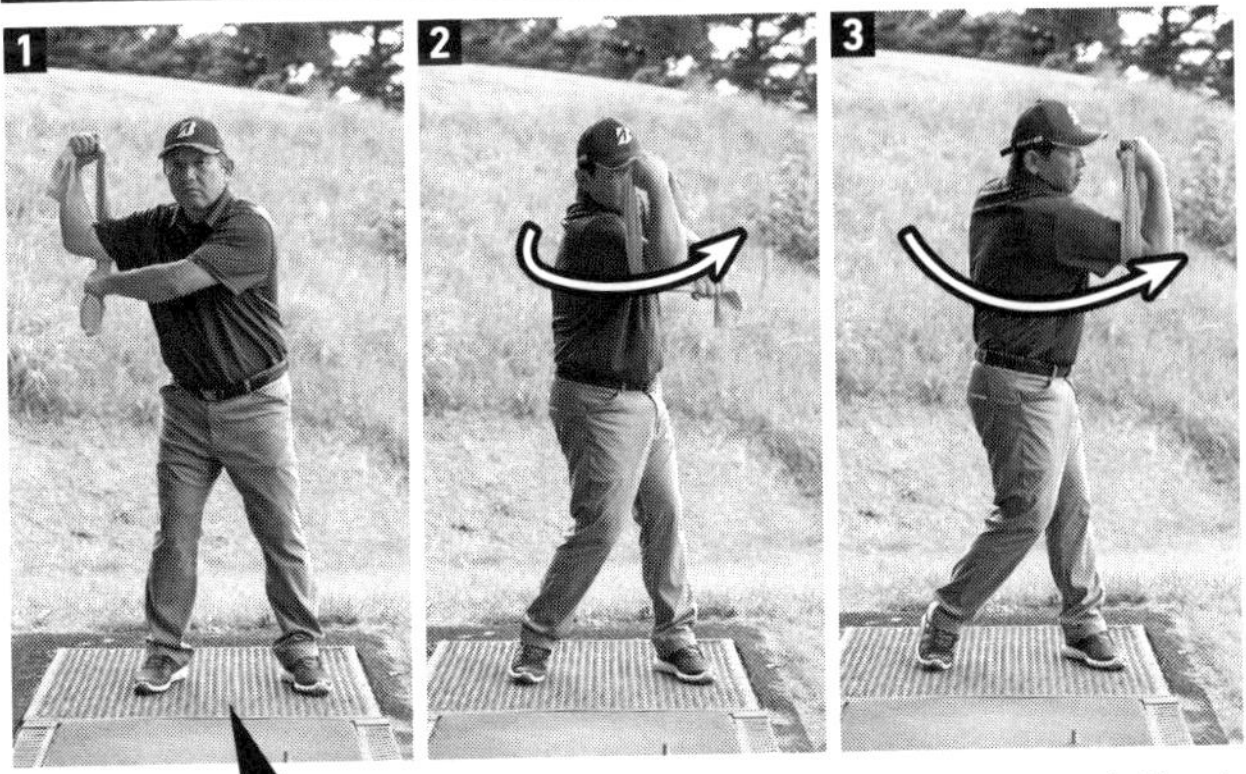

タオルを握った右手首は掌屈。右肘、右腕下のタオル、左肘がどれも直角になるようにタオルを握るのがポイントです。

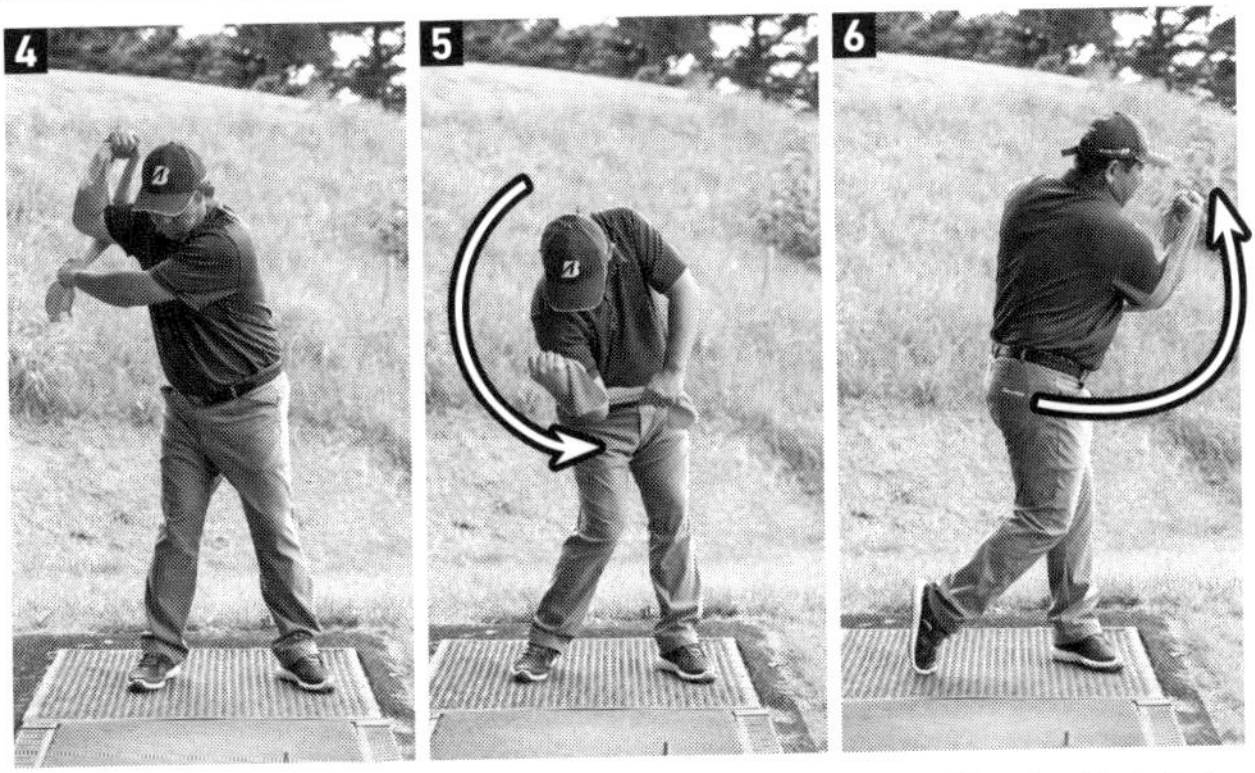

側屈と同時に胸郭を右に後傾させながら、右肘をみぞおち横に絞り込みます。肘を直角のまま、背中を正面に向けるつもりで回転します。

【ドリル5】ゴム紐を使った巻き付きキープ

動画はココ！

【ドリルのやり方】

80㎝～1ｍのゴム紐を、逆さに持ったクラブ（7番アイアン）のグリップの端と、逆側は左腰のベルトに結びます。クラブを握った右腕の肘を上げて、脇を大きく開きます。開けた空間に左肩を入れながら、クラブを身体に沿わせて背骨まで持ってきたら、右肘を前に抜きます。右肘が右脇腹の前にきたとき、手首と肘は直角になり、ゴム紐は伸びきっていません。肘と手首の角度をキープしたまま、上体を回転させます。

【ドリルの効果効能】

裏面ダウンから裏面ゾーンの範囲を長くして、下回りのスイングを体得します。**〝手打ち〟になることを防ぎ、身体の回転を使ってスイングすることができるようになります。**

クラブの巻き付くイメージを覚える

板橋プロはスイング練習具を使用していますが、クラブ（7番アイアン）を逆さに持っても代用できます。

クラブの端と左腰に80cm〜1mのゴム紐を結びます。クラブを身体に沿わせながら、前から背中に持っていきます。

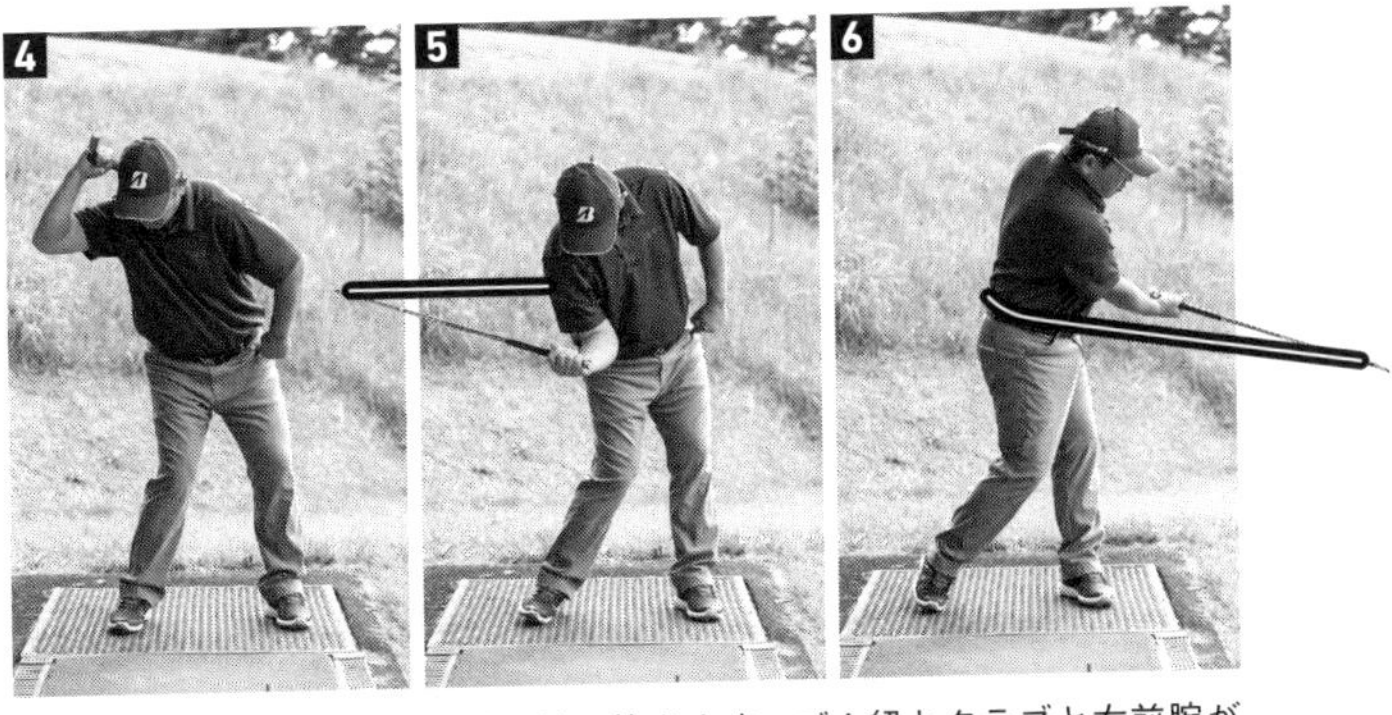

クラブが背骨まできたら右肘を前に抜きます。ゴム紐とクラブと右前腕が作る三角形を変えず、ゴム紐の張力を一定に感じながら回転すること。

【ドリル6】裏面ダウン＆ゾーンのキープ

動画はココ！

【ドリルのやり方】

板橋プロ考案の「イメージフェース＆ゴム紐」を使ったドリル。なければクラブのフェースを大きく模した厚紙をグリップ真下にフェースと同じ向きに貼り付け、80㎝～1mのゴム紐を写真のようにセットします。右腕の橈骨を軸に回しながら身体の回転に合わせてテイクバックすると、イメージフェースは右肩の外側に触れます。そのままゴム紐がこれ以上伸びないようにクラブを下ろします。イメージフェースと右腕が平行のまま、グリップが左腰に来るまで身体を回転。自然とクラブが直立したところで終了です。

【ドリルの効果効能】

常に右前腕とクラブのフェースが平行にすることを習得。G1スイングで大切な裏面ダウン、スイングレフト、ノーリストターンを身に付けることができます。

裏面ダウン→ゾーンの動きを習得

板橋プロ考案のイメージフェースは、厚紙で作っても代用できます。さらに80cm～1mのゴム紐も、写真のようにセットします。

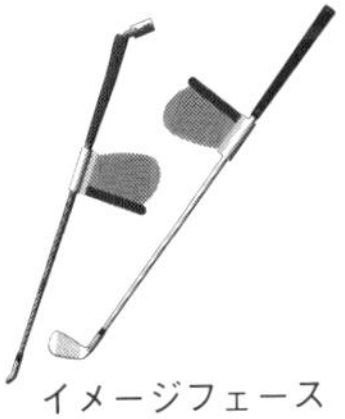

イメージフェース

イメージフェースが右肩裏に触れたまま、身体を回転させます。

イメージフェースのガイドラインと右前腕は常に平行。また、ゴム紐の張力は常に一定（手首を返すと、ゴム紐はたるんでしまいます）に保ちます。

【ドリル7】最短距離キープ

【ドリルのやり方】

イメージフェースと短い棒を使ったドリルです。まずは棒を右手で持ち、［ドリル6］と同じようにテイクバック。イメージフェースを右肩裏に当てたまま上体を側屈＆胸郭を後傾させると同時に、両肩と腰の両端を結んだ四角形を意識して、背中が正面を向くまで回転させます。次に左手で持ち、右手と同様にテイクバックし、イメージフェースを右肩裏に付けたまま上体を側屈＆胸郭を後傾ターンさせます。

【ドリルの効果効能】

上体を側屈＆胸郭を後傾させ、同時に胸骨を中心に回転させることを覚えると、テイクバックから最短距離でスイングすることができます。**ダウンスイング時にクラブが決してキャスティングしませんし、また早くインパクトしようとするリストターンも防ぐことができます。**頭と右肩を固定したら、スイングできないことがわかります。

最短距離でスイングするイメージを習得

40cmほどの短い棒に板橋プロ考案のイメージフェース（あるいはクラブのフェースを大きく模した厚紙）を取り付けます。

右手

イメージフェースが常に右肩にくっ付いたまま、上体を側屈＆回転させることが大事。右肘を右脇腹に付けたまま回転するイメージです。

左手

左腕をヘソのあたりまで下ろしたら、まるでプロレスの水平チョップのような形になります。そのイメージで、水平に動かすことが大事です。

【ドリル8】バットスイング

動画はココ!

【ドリルのやり方】

ゴルフのスイングと野球のスイングは、「ボールに対して最短距離で動く」という意味では、とても類似性があります。そこでバットを使ったドリルを行います。バットを構えたところから右肘を絞って、バットが右肩から離れないように、バットの動きに合わせて右手の甲がピッチャー方向に向くようにスイングします。ここで大事なのは、グリップエンドが先行してヘッドは背中の方に残っていること。バットを短く感じながら身体の回転で回すイメージで、そのままグリップを左腰へ持っていきます。

【ドリルの効果効能】

インパクトに向けて回転運動の支点が肘～手首と小さくなると、加速度がアップします。なるべくギリギリまで溜めがあった方が、間違いなくインパクトゾーンでのヘッドスピードは飛躍的に速くなります。

MLB強打者のスイングのイメージ

野球のバットを握って構えます。このとき右手はグー、左手はカップリングしています。

バッターが外角のカーブに泳いで空振りしてしまうスイング。リストが返ってしまう“手打ち”は、ゴルフでもNGです。

右肘を絞り、常にグリップエンドが先行。身体が回転しているだけで、バットそのものは振っていないことに注目！

グリップエンドが身体の前にきたときに、上体を側屈させると、ゴルフのスイングになります。

【ドリル9】ジャイロ投げ

【ドリルのやり方】

2つの逆回転するローラーの間からボールが飛び出すバッティングマシーンがありますが、その2つのローラーの回転がゴルフスイングの身体の動きに類似しています。つまり、身体は左回転するローラーで、右腕の付け根から先は右回転するローラーというわけです。そういう動きを、野球のジャイロボールを投げるドリルで学びます。ボールを手のひらに乗せ、テイクバックのトップの位置からアンダースローで、ジャイロボールを投げるように手首のスナップを利かせてターゲット方向へトスします。

【ドリルの効果効能】

ボールを投げる際は、ゴルフスイングと同様に身体の軸回転と側屈を意識します。**ダウンスイング〜スイングレフト〜インバランスフィニッシュへの腕と身体の連結を高め、そして右脇を締めて振ることを学びます。**

動画はココ！

ボールを横回転で投げるイメージ

野球のボールかテニスボールを手のひらに乗せます。ジャイロボールを投げる要領で、アンダースローで投げます。

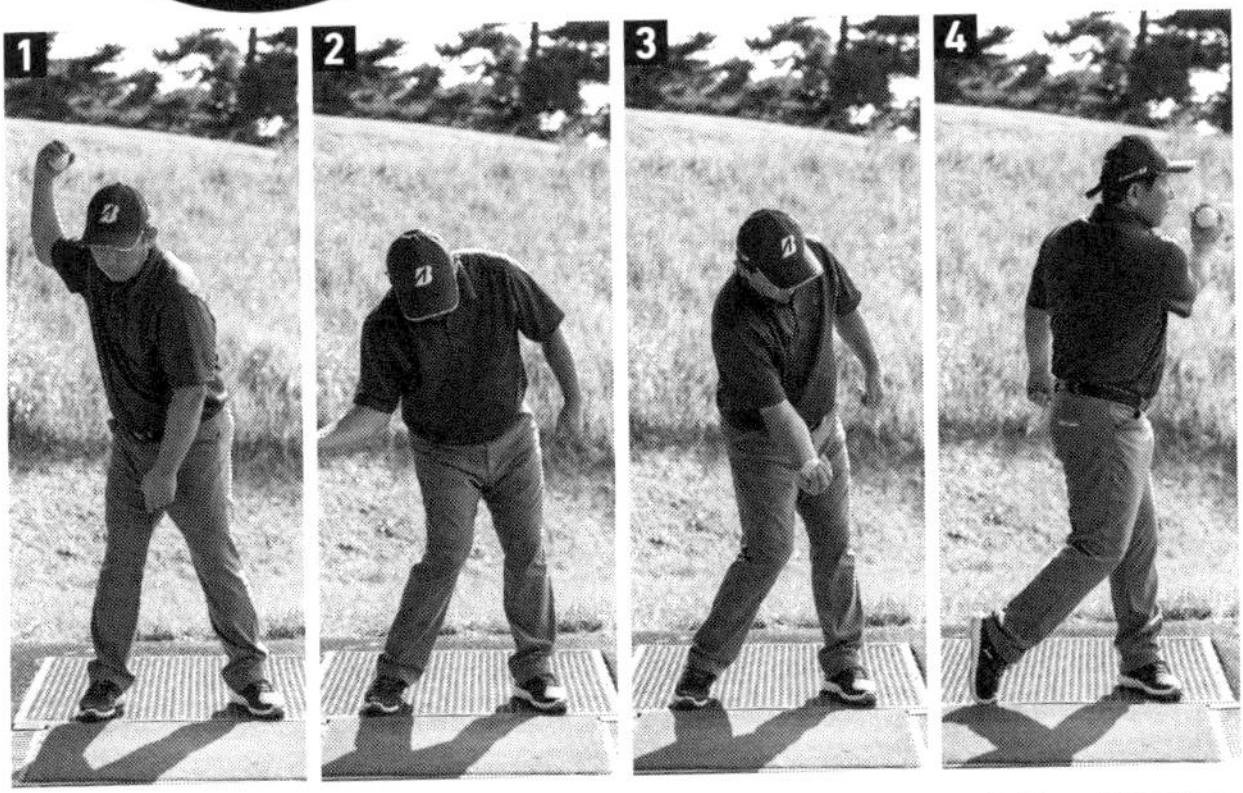

テイクバックから右脇を締め、右肘を直角に保ったまま、身体の軸回転と側屈を意識してボールを下からトスします。

身体の回転と、右腕付け根から先の回転が逆であることを意識。2つの逆回転の間から、ボールが飛び出すイメージ。

【ドリル10】ボールスローイング

【ドリルのやり方】

サッカーボールやドッジボール、バレーボールなどを用意。そのボールを両手で持ったままテイクバックしますが、常に「右手はボールの下」を意識することが大事です。そのままダウンスイングに入りますが、ここでも「右手はボールの下」をキープすると、裏面ダウンを再現することができます。ボールを持った両手をスイングレフトの要領で、左腰の方へ持っていきながらボールを投げます。

【ドリルの効果効能】

このボールスローイングでは前傾した上体を起こさずにそのまま横に振らなくては、まっすぐに投げることはできません。**つまり、頭と右肩を固定しない方が下回りのスイングがしやすく、〝獅子舞〟のように頭を揺すって良いということです。**

動画はココ!

「右手が下」「右肘は直角」をキープする

サッカーボールやドッジボールといった写真のような大きさのボールを、ゴルフのアドレスのように身体の前で両手で持ちます。

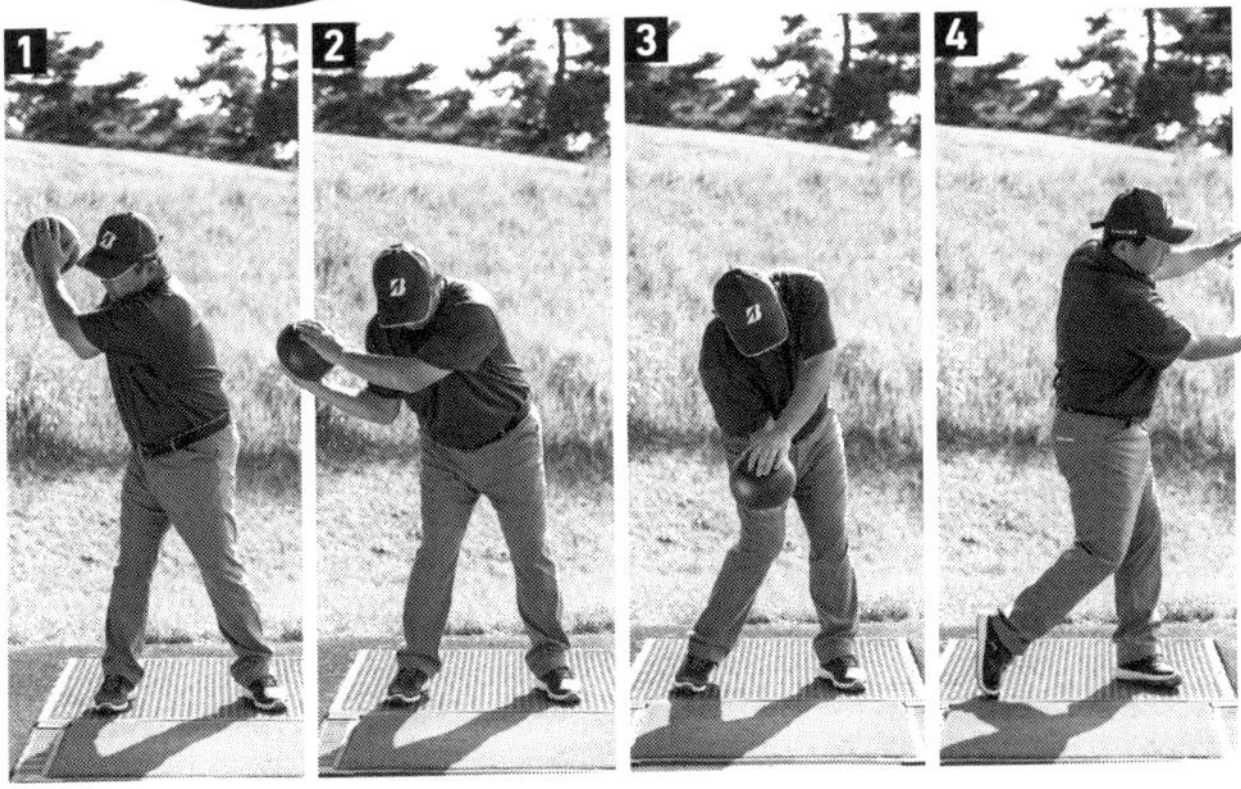

ボールを両手で持ったまま、テイクバック〜ダウンスイング〜スイングレフトの要領で身体を回転。両手が左腰にきたらボールを投げます。

常に「右手がボールの下」であることをキープ。上体を起こさずに横方向へ身体を回転させることが大事です。

【ドリル11】巻き付きと溜めと後半加速の習得

【ドリルのやり方】

クラブを最短距離で下ろし、小さく鋭く回ることを体得するドリルです。クラブ（7番アイアンあたり）を逆さにして、ヘッド側をベースボールグリップで握ります。テイクバックでは脇を締めて、シャフトが「まるでゴムみたいに柔らかい」ことをイメージします。その柔らかいシャフトが身体に巻き付くイメージを持ったまま、脇を締めて小さくスイング。フォロー側でスイングを速くし、クラブが背中に巻き付くイメージでフィニッシュします（ビュンという音が、左前方で聞こえたらOK）。

【ドリルの効果効能】

両手を伸ばしたままクラブを振る日本式スイングではなく、クラブを最短距離で下ろすスイングを体得できます。**肘のたたみ方がスムーズになり、小さく鋭く回って、フォローでスイングスピードが加速するようになります。**

動画はココ！

クラブが身体に巻き付いているイメージ

準備運動

クラブ（7番アイアンあたり）のヘッド側を右手で握り、右肩に構えます。その姿勢のまま上体をゆっくり回転。これを数回繰り返します。

ベースボールグリップで握り、クラブが肩〜首に巻き付くイメージでテイクバック。そのまま脇を締めてダウンスイングに入ります。

脇をたたんだまま腰の高さで小さく鋭く振り、フォロー側でスイングスピードを加速。クラブを肩に乗せたまま、体捌きで回転することが大事。

【ドリル12】ノーバックスイング

【ドリルのやり方】

バックスイングなしで、クラブのフェースにボールを乗せて、フォローでボールを運ぶドリルです。7~9番アイアンを使い、テイクバックからゆっくりと裏面ダウンに入り、ボールの位置でハンドファーストの形を作ります。このとき、クラブのフェースが45度くらい外側を向いています。フェースを地面とボールの間に入れ、そのままスイングレフトすれば、ボールはターゲット方向へ飛びます。

【ドリルの効果効能】

クラブが最下点を過ぎて背中側に入れ替わる際、ヘッドがボールを持ち上げるような浮力を感じます。その一瞬、フェースにボールが乗ります。**この感覚を身に付けることができると、手打ちはまったくしないようになります。**

動画はココ!

クラブのフェースにボールを乗せる

7〜9番アイアンを使って、テイクバックから裏面ダウンに入ります。ゆっくりとしたスイングで構いません。

フェースを地面とボールの間に入れます。このときフェースはまだ右を向いていますが、フォローに入るとボールが乗って目標に飛びます。

おわりに

▼実は〝世界でいちばん優しい〟ゴルフスイング

長年ゴルフを教えてきましたが、アマチュアゴルファーの〝もっと上手くなりたい〟という情熱には頭が下がります。しかし、大半のゴルファーは「トップのポジションをどう作るか?」とか「頭を絶対に動かさないでスイング始動」とか、さらには「インパクトでは身体を止めてヘッドを走らせる」といったことを意識し、実際にそのようにスイングしています。このような従来の〝日本式スイング〟は、一瞬のスイング中にいろいろな課題をクリアしなければならず、とても難しいスイングと言えます。

一方、欧米トッププロスイング（＝G1スイング）はとてもシンプルで、しかも「再現性の高い」スイングなのです。また、身体のメカニズムや動きを妨げないスイング、すなわちゴルファーに優しいスイングであることも、この本を読んでわかっていただけたかと思います。これからもG1スイングでゴルフをお楽しみください。

▼ゴルフをもっともっと楽しむために！

私は数年前にぎっくり腰をやってしまいまして……。そのときに出会ったのが匡正堂齋藤整骨院の齋藤貴祐先生です。先生はゴルフとゴルファーの身体の動きにとても詳しくて、身体に無理のないスイングも提案。その考えや理論は私のスイング理論と共通するだけでなく、私自身の理論構築のきっかけにもなったところがあります。

前ページで述べた〝日本式スイング〟は、ともすると身体を壊してしまいがち。「健康のためにゴルフをやっているのに身体を壊しては本末転倒でしょう⁉」という考えもあって、私はアマチュアゴルファーの皆さんに身体に優しいＧ１スイングを勧めます。

また、私は生涯スポーツとして楽しいゴルフを若者に指導し、ゴルフ人口を増やしたいと思っています。

レッスンプロ　板橋　繁

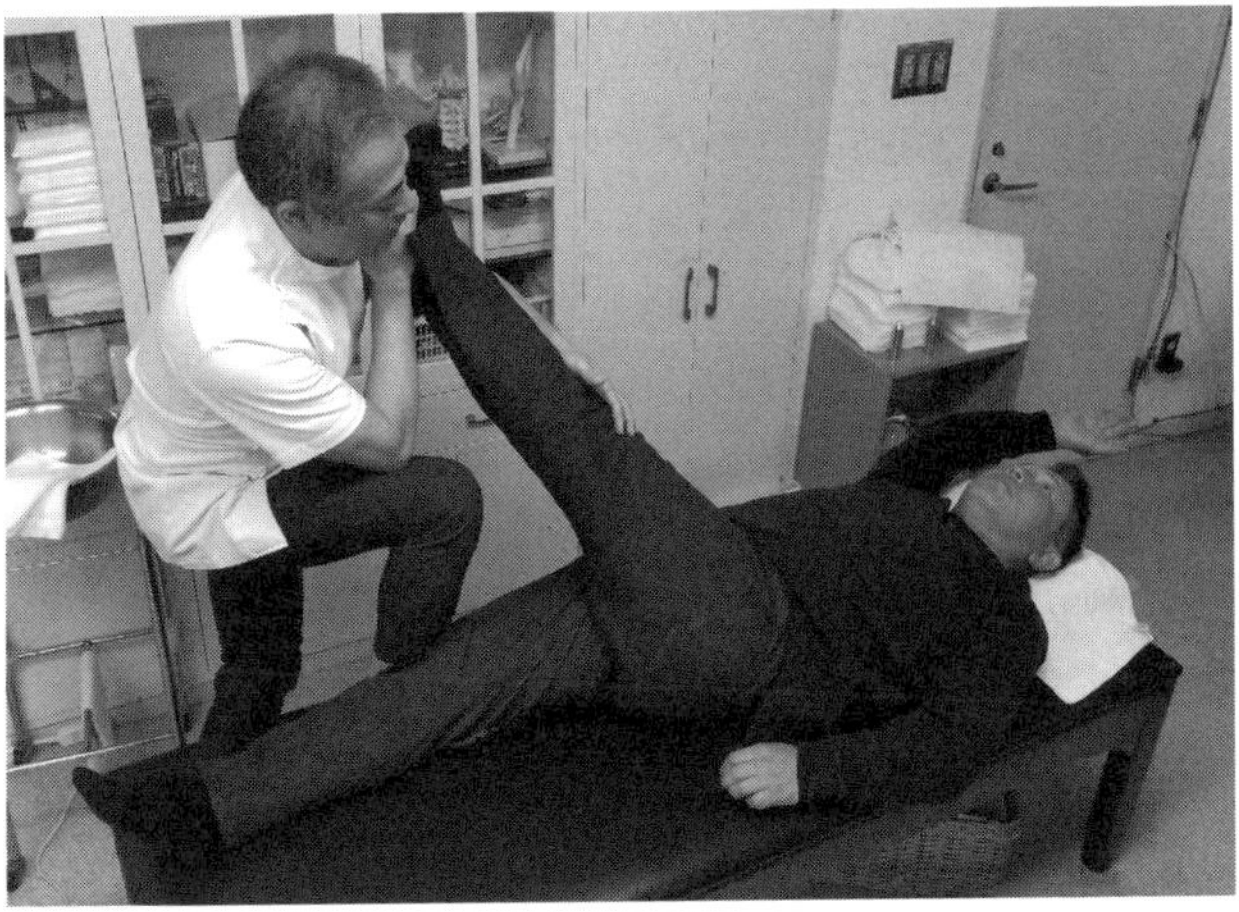

頭と身体に染み込んだデータを元に、患者さん一人一人に適した施術を行う匡正堂齋藤整骨院の齋藤貴祐先生。

整体の技術だけでなく、ゴルフの知識や造詣も深く、「ゴルファーの身体を痛めないスイング」は板橋プロとも共通します。

HP
https://ameblo.jp/kyouseido/

著者
板橋 繁（いたばししげる）
1967年生まれ。Gold One Golf School ディレクターオブゴルフ。全米ゴルフ教師インストラクター協会日本支部（USGTF JAPAN）主席試験官。日本体育大学大学院体育学修士課程修了。専門はトレーニング論と身体動作学。大学在学中はゴルフ部に所属し、卒業後はコーチ兼スポーツトレーニングセンターに勤務し、オリンピック選手とプロゴルファーのトレーニングを指導する。日体大ゴルフ部男子部コーチ・女子部監督に就任した後、1995年にオーストラリアに渡ってヒルズ学園高校ゴルフ部監督に就任。ジュニアゴルファーの育成と数々の勝利に貢献する。2002年からは豪州のトッププロ育成学校、A Game Golf Academy日本人担当コーチを務める。運動力学を主体にした独自のコーチング理論は、メンタルコントロール論とともに、多くのゴルファーから絶大な支持を得ている。著書に『世界標準のスイングが身につく科学的ゴルフ上達法』、『同 実践編』（ブルーバックス／講談社）がある。

STAFF
◎デザイン　西巻直美（株式会社 明昌堂）
◎編集　株式会社POW-DER ◎構成・取材　出島正登
◎撮影　池田佳史 ◎校正　株式会社聚珍社
◎撮影協力　東京国際ゴルフ倶楽部

ゴルフ +50ヤード飛ぶ！
超図解・欧米トッププロスイング

著　者　板橋 繁
作　画　Yuichi・K
発行者　池田士文
印刷所　株式会社光邦
製本所　株式会社光邦
発行所　株式会社池田書店
〒162-0851　東京都新宿区弁天町43番地
電話 03-3267-6821（代）／振替00120-9-60072

落丁・乱丁はおとりかえいたします。

ISBN978-4-262-16654-4

21000002